Fuerza diaria de los hombres

180 devociones inspiradoras en 3 minutos

Tony Mejia

Otro libro escrito por Tony Mejía en inglés y español

English:
1.   From The Streets to The Altar
2.   A Journey to Redemption
3.   Morning Blessings & Mercies Devotional
4.   New Year, New You! Devotional
5. New Year, New You! Devotional Journal

1.   De Las Calles al Altar
2.   El Camino A la Redención
3.   Bendiciones y Misericordias de la Mañana
4.   Nuevo Año, Nuevo Tu! Devocional
5.   Nuevo Año, Nuevo Tu! Diario Devocional

Libros Español e Inglés Escritos por el esposa de Tony Mejia (Heidy Mejía)
1.   Mas Alla de Mis Heridas
2.   El Poder del Perdón

Ingles:
3.   Beyond my Wounds
4.   The Power of Forgiveness

Fuerza Diaria para Hombres
180 Devociones Inspiradoras en 3 Minutos
By: Tony Mejia

EL PODER DE RENDICIÓN

"Bendito es el que confía en el Señor, cuya confianza está en él". - Jeremías 17:7

Podría ser difícil aceptar el poder de rendirse en una cultura que con frecuencia valora la independencia y el control. Pero este versículo también sirve como recordatorio de los muchos beneficios que recibimos cuando ponemos nuestra fe y confianza en el Señor. Hay que reconocer que Dios es la última fuente de sabiduría y dirección requiere humildad para rendirse a Él. Implica rendirse a Su voluntad perfecta y renunciar a nuestras propias metas y objetivos.

Dejar ir nuestras preocupaciones y ansiedad y confiar en que Dios satisfará fielmente todas nuestras necesidades es otro aspecto de rendirnos a Él. Entregarte a Dios nos permite acceder a Su gracia y fuerza sin límites. Le damos permiso para trabajar dentro y a través de nosotros, formando nuestra fibra moral y guiándonos hacia la justicia. Entregarte a Dios es una fuente de paz y fuerza, no un signo de debilidad.

Hoy, tengamos en cuenta la fuerza de rendirse. Que pongamos toda nuestra confianza en el Señor, sabiendo que Él nos guiará fielmente, nos bendecirá y concederá nuestras aspiraciones más profundas.

ACEPTANDO TU IDENTIDAD EN CRISTO

"Por lo tanto, si alguien está en Cristo, la nueva creación ha llegado: ¡Lo viejo se ha ido, lo nuevo está aquí!" - 2 Corintios 5:17

¿Alguna vez has tenido problemas para abrazar quién eres en Cristo? Tal vez la autoconversación que te habla con desasió, las transgresiones pasadas o las presiones externas te han hecho cuestionar quién eres realmente en Él. Pero ten en cuenta que hemos sufrido una transformación significativa como seguidores de Cristo. Se nos recuerda que somos nuevas creaciones cuando entramos en relación con Jesús por el versículo de 2 Corintios 5:17.

Se nos da un nuevo comienzo y lo viejo, con todo su equipaje y quebrantamiento, se arrastra. Nuestras transgresiones, historia o defectos ya no nos definen. Más bien, Cristo es donde encontramos nuestra identidad real.

Adoptar la realidad de que estamos enteros, perdonados y amados en Cristo es el primer paso para aceptar quiénes somos. Implica aceptar la veracidad de la Palabra de Dios y dejar de lado las etiquetas y falsedades que el mundo exterior intenta imponernos. Piensa por un momento hoy en quién eres en Cristo.

Recuerda que Él te ha elegido, redimido y aceptado. Renuncia a cualquier creencia falsa sobre quién eres y acepta la realidad de quién eres en Cristo. Acepta esta nueva creación y permite que influya en tus palabras, atrechos y mentalidad. Eres llamado a una vida abundante en Él y eres valioso y apreciado.

USAR LA SABIDURÍA DE DIOS PARA SUPERAR LAS DIFICULTADES

"Confía en el Señor con todo tu corazón, y no te apoyes en tu propio entendimiento". - Proverbios 3:5 (ESV)

Hay muchos obstáculos y obstáculos en la vida que pueden llegar rápidamente a nosotros. Es fácil apoyarse en nuestro propio conocimiento y buscar respuestas basadas solo en nuestra propia experiencia cuando las cosas son difíciles. Por otro lado, se nos ordena poner toda nuestra confianza en el Señor como hombres de fe. El genio de Dios está más allá de nuestra comprensión.

Él entiende lo que es mejor para nosotros y tiene una perspectiva amplia. Nuestro punto de vista humano es limitado cuando confiamos únicamente en nuestro propio entendimiento; sin embargo, cuando ponemos nuestra confianza en el Señor, tenemos acceso a Su sabiduría ilimitada. Se necesita humildad para navegar a través de los desafíos y renunciar al control. Implica admitir que no lo sabemos todo y recurrir al que nos guía. Al poner nuestra fe en el Señor, le damos permiso para dirigir nuestras acciones y darnos el discernimiento que necesitamos para superar cualquier obstáculo.

Pongámonos, como hombres, toda nuestra confianza en el Señor, renunciando a nuestro conocimiento y buscando su consejo en todas las circunstancias. A medida que nos enfrentamos a los desafíos de la vida, que podamos encontrar coraje y orientación en Él, confiando en que Él es confiable y que nos guiará en la dirección correcta.

CONFIANDO EN DIOS EN MEDIO DE LA INCERTIDUMBRE

Proverbios 3:5-6 - "Confía en el Señor con todo tu corazón y no te apoyes en tu propio entendimiento; en todos tus caminos, sométete a él, y él enderezará tus caminos".

Puede ser difícil navegar a través de las decisiones y problemas de la vida en un entorno impredecible. Con frecuencia podríamos encontrarnos en un estado de agobio e incertidumbre. Dios, sin embargo, nos da una promesa atemporal: poner nuestra confianza en Él, incluso en medio de esta incertidumbre. Se nos recuerda que debemos confiar en la sabiduría de Dios en lugar de nuestra propia comprensión en Proverbios 3:5-6. Es fácil confiar en nuestras propias ideas e intenciones, pero a veces la forma en que nos parece sensato resulta no ser la mejor.

Más bien, estamos obligados a renunciar a nuestros caminos y seguir la dirección de Dios. Puede ser difícil confiar plenamente en Dios, especialmente cuando no podemos comprender Sus propósitos o ver el panorama general. Sin embargo, Él promete enderezar nuestro camino si renunciamos al control y ponemos nuestra fe en Él.

Dios sabe lo que es mejor para nosotros porque tiene una perspectiva más amplia. Él nos guiará a través de las incertidumbres de la vida dándonos claridad, serenidad y dirección. Pongámonos toda nuestra confianza en el Señor durante estos tiempos de incertidumbre. Podemos confiar en Su sabiduría y entregar nuestros caminos a Él, seguros de que Él nos guiará por el camino correcto. En medio de la incertidumbre de la vida, que podamos encontrar consuelo, serenidad y fe inquebrantable en Dios.

DESARROLLAR UN CORAZÓN AGRADECIDO

"Da gracias al Señor, porque él es bueno; su amor perdura para siempre". - Salmo 107:1

Podría ser fácil perder de vista los dones y la bondad que nos rodean todos los días en un mundo que con frecuencia se concentra en lo que nos falta o en lo que deseamos. Un esfuerzo deliberado y un cambio de punto de vista son necesarios para cultivar un corazón agradecido. La Biblia nos dice que demos las gracias al Señor porque Él es bueno y su amor nunca termina.

Cuando practicamos el agradecimiento, comenzamos a reconocer la fidelidad de Dios en las pequeñas cosas de la vida. Llenamos a entender Su protección, provisión e innumerables bendiciones, muchas de las cuales podemos haber dado por sentadas. Experimentar la gratitud nos permite ver la belleza en todas las circunstancias, especialmente en tiempos difíciles. Se espera que los hombres lideren con un espíritu de gratitud, sirviendo como modelos a seguir para nuestras familias y comunidades.

La verdadera alegría se puede sentir en cualquier situación cuando elegimos concentrarnos en nuestras bendiciones en lugar de en nuestros problemas. Cultivemos el hábito cotidiano de agradecer a Dios y reconocer su amor y bondad inquebrantables.

LA FUERZA DIARIA DEL PODER DE LA ORACIÓN

"No te preocupes por nada, pero en cada situación, mediante la oración y la petición, con acción de gracias, presenta tus peticiones a Dios". - Filipenses 4:6 (NIV)

Es simple subestimar el poder de la oración en nuestras agitadas vidas. Con frecuencia nos encontramos luchando para superar los obstáculos en la vida y confiando únicamente en nuestra propia fuerza. Pero en Filipenses 4:6, Dios nos recuerda que debemos traerle todo en oración en lugar de preocuparnos.

La oración es una tremenda fuente de fuerza y una forma de conectarse con Dios; no es un esfuerzo pasivo. Demostramos nuestra fe y dependencia de Su dirección y suministro celestial cuando llevamos nuestras peticiones ante Él. Podemos liberar nuestras ansiedades y preocupaciones a través de la oración porque sabemos que Dios está a cargo. Desarrollamos una estrecha relación con nuestro Padre Celestial a través de la oración. Podemos encontrar consuelo, serenidad y la fortaleza para enfrentar cualquier desafío en Su presencia.

A través de la oración, Dios puede actuar de maneras milagrosas que cambian nuestras debilidades en Su fuerza y nuestros miedos en calma. Por lo tanto, no subestimemos la fuerza que proviene de la oración a diario. Hagamos que sea una práctica ir a Dios en su guía, derramar nuestros corazones a Él y observar Su respuesta firme. Encontramos consuelo, discernimiento y la fuerza sobrehumana para enfrentar todos los días con un nuevo sentido de esperanza y seguridad en la oración.

SUPERANDO LA FE Y EL MIEDO

Mateo 14:30-31 - "Pero cuando vio el viento, tuvo miedo, y al comenzar a hundirse gritó: 'Señor, sálvame'. Jesús inmediatamente extendió su mano y se apoderó de él, diciéndole: "Oh, de poca fe, ¿por qué dudaste?"

Ocasionalmente nos encontramos con circunstancias en la vida que prueban nuestra fe y despiertan nuestras peores ansiedades. El relato de Peter caminando sobre el agua demuestra la facilidad con la que el miedo puede dominar nuestra fe. Al principio, Pedro se bajó del barco con plena fe y confianza en Jesús. Pero la ansiedad comenzó cuando notó el viento y las olas, y comenzó a hundirse.

Del mismo modo, con frecuencia nos encontramos con situaciones tumultuosas que nos hacen dudar y cuestionar la existencia y la autoridad de Dios. Nunca debemos olvidarnos de llamar al Señor en estas circunstancias, al, así como lo hizo Pedro. Dios está siempre presente, listo para extender su mano y liberarnos de nuestras incertidumbres y ansiedades. La confianza inquebrantable es necesaria para superar el miedo. Jesús, el creador y la forma consumada de nuestra fe, es en la que debemos mantener nuestro enfoque.

Decidamos concentrarnos en su constancia, amor y promesas cada vez que la preocupación levante la cabeza. En oración, démosle nuestras preocupaciones, sabiendo que Él nos verá a través de cada tormenta. Fortalezcamos nuestra confianza hoy reflexionando sobre los casos en los que Dios ha demostrado ser confiable y rescatador en nuestras vidas. Sabiendo que Dios está constantemente a nuestro lado, listo para apoyarnos en la superación de nuestras ansiedades, elijamos caminar con confianza y valentía. El miedo ya no podrá inmovilizarnos si la fe es nuestro pilar; en cambio, la superaremos y experimentaremos la libertad y la serenidad que son exclusivas de Dios.

CONSTRUYENDO RESILIENCIA A TRAVÉS DE LA PALABRA DE DIOS

"Pero su deleite está en la ley del Señor, y en Su ley medita día y noche". - Salmo 1:2

Nos encontramos con numerosas dificultades en la vida que tienen el potencial de debilitar nuestra voluntad y fe. Con frecuencia recurrimos a la oración en orden consuelo y aliento, que es esencial para nuestra conexión con Dios. Pero de vez en cuando, podríamos sentirnos cortados de Dios o encontrar las palabras correctas para decir en oración.

La Palabra de Dios puede ayudarnos a desarrollar la resiliencia en situaciones difíciles. En el Salmo 1:2 se nos recuerda el valor de disfrutar y reflexionar sobre la ley del Señor día y noche. La Palabra de Dios nos proporciona conocimiento y dirección que puede fortalecer nuestros corazones y cerebros cuando nos sumergimos en ella. La Biblia está llena de historias de hombres y mujeres que superaron obstáculos abrumadores y descubrieron la fuerza en la Palabra de Dios.

Abrimos la puerta a recibir comunicación directa de Dios cuando leemos y estudiamos constantemente la Biblia. Su Palabra se convierte en una fuente de consuelo, inspiración y guía. Al meditar en Sus promesas y preceptos, podemos desarrollar resiliencia en todas las facetas de nuestras vidas y soportar las tormentas de la vida. Decidamos pasar tiempo en la Palabra de Dios hoy, incluso si parece difícil orar. La verdad de Dios nos empoderará para hacer frente a cualquier dificultad y nos ayudará a desarrollar una resistencia firme a medida que entregamos nuestros corazones a las Escrituras.

DESCUBRIENDO LA ALEGRÍA EN LO ORDINARIO

"No hay nada mejor para una persona que comer y beber y encontrar disfrute en su trabajo". - Eclesiastés 2:24

Es fácil absorto en la persecución de logros significativos y experiencias únicas en medio del caos diario. Con frecuencia perdemos de vista la alegría que se puede encontrar en los momentos cotidianos de la vida mientras corremos por el logro y buscamos la satisfacción en lo inusual. Sin embargo, la Biblia nos recuerda que incluso las actividades más básicas, como comer y beber, pueden proporcionar belleza y felicidad.

Dios nos invita a encontrar satisfacción en los deberes rutinarios que componen nuestra vida y a apreciar el lugar común. Tenemos un mayor sentido de satisfacción y deleite cuando nos acercamos a estos tiempos con una actitud de gratitud y conciencia. Tomemos un momento para estar agradecidos por las pequeñas cosas que Dios nos ha dado en lugar de apuntar constantemente a la próxima gran cosa.

Encuéntrenos la felicidad en lo ordinario, en lo normal y en los momentos aparentemente pequeños. Cuando hagamos esto, descubriremos la verdadera satisfacción en lo mundano y nuestros corazones estarán llenos de agradecimiento.

EL SIGNIFICADO DE LAS RELACIONES POSITIVAS

"Camina con los sabios y vuélvete sabio, porque un compañero de tontos sufre daño", se lee Proverbios 13:20

En una sociedad que con frecuencia fomenta la independencia y la autosuficiencia, es simple subestimar la importancia de las conexiones saludables en nuestras vidas. Pero la Biblia también enfatiza lo importante que es desarrollar relaciones positivas con otras personas.

Recibimos responsabilidad, apoyo e inspiración de conexiones positivas. Sirven como un recordatorio del valor de la comunidad y la fuerza de la unanimidad. Fomentamos un ambiente en el que todos podemos avanzar en la santidad juntos cuando interactuamos con otros que defienden los mismos valores y creencias.

Además, las relaciones satisfactorias muestran el amor de Dios por nosotros. Nos convertimos en vasos de Su gracia y amor cuando realmente cuidamos y ayudamos a los demás. Tenemos la capacidad de alterar, consolar y dar esperanza a las personas que nos rodean a través de nuestras conexiones. Piensa en las relaciones de tu vida por un momento. ¿Son inspiradores, elevados y edificantes?

¿Hay algún factor perjudicial que requiera atención? Acepta la importancia de las relaciones saludables y haz un esfuerzo consciente para cultivar lazos que estén en línea con el deseo de Dios. Te sentirás más realizado y decidido en tu camino espiritual mientras caminas con los sabios y buscas conexiones centradas en Dios.

SUPERANDO LAS TENTACIONES CON LA ASISTENCIA DE DIOS

"Guardando tu corazón: Encontrando fuerza en la palabra de Dios" Proverbios 4:23 (VNV) -

"Por encima de todo, guarda tu corazón, porque todo lo que haces fluye de él". Podría ser difícil para los hombres superar las presiones y distracciones que nos rodean en un mundo lleno de tentaciones. Pero como seguidores de Cristo, estamos obligados a proteger nuestros corazones y recurrir a la Palabra de Dios en si de apoyo.

En Proverbios 4:23 se nos recuerda el valor de proteger nuestros corazones, ya que son la fuente de

25

la vida. Todo lo que entra en nuestras mentes, palabras y cuerpos se origina en nuestros corazones. Las tentaciones tienen el poder de contaminar toda nuestra existencia si las dejamos entrar en nuestros corazones. Reconocer nuestra vulnerabilidad es el primer paso para vencer la tentación.

Es a través de esta humildad que podemos pedir a Dios ayuda y discernimiento para navegar por los caminos peligrosos que tenemos por delante. Pasar mucho tiempo en Su Palabra nos da la sabiduría y la dirección que necesitamos para tomar decisiones morales. Veamos la Palabra de Dios como nuestra fuerza cuando estamos tentados. Considere la posibilidad de leer pasajes que sirvan como recordatorio de la gracia y las promesas de Dios. Buscar la rendición de cuentas a través de la oración y las relaciones con otros cristianos que puedan apoyarnos y elevarnos cuando nos desviamos del camino.

Protejamos rigurosamente nuestros corazones hoy y confiemos en la ayuda de Dios para resistir las tentaciones que tenemos delante. Con su ayuda y poder, podemos permanecer firmes y honrarlo en todos los aspectos de nuestras vidas. Recuerda que no estás luchando contra la tentación por ti mismo. Dios está con nosotros, dándonos las herramientas que necesitamos para triunfar y la capacidad de vivir una vida que exalte su nombre.

ENCONTRAR SIGNIFICADO EN TU TRABAJO

Eclesiastés 2:24 (NIV) "Una persona no puede hacer nada mejor que comer y beber y encontrar satisfacción en su propio trabajo. Esto también, veo, es de la mano de Dios".

El trabajo con frecuencia se convierte en un medio para un objetivo en nuestra cultura. Trabajo día a día, solo pensando en las comodidades materiales que vienen con nuestros cheques de pago. Pero estamos llamados, como hombres de Dios, a buscar más profundamente el propósito de nuestro trabajo. Dios nos dio la capacidad de expresar nuestros dones, beneficiar a la sociedad y sentirnos satisfechos por nuestros trabajos cuando Él creó el trabajo.

Pero con demasiada frecuencia, cometemos el error de buscar la realización en los logros materiales en lugar de en el plan de Dios para nuestras vidas. El pasaje de Eclesiastés sirve como recordatorio de que la realización y el significado reales en nuestro trabajo surgen cuando reconocemos que es un regalo de Dios. La tarea común del trabajo se convierte en una empresa que vale la pena cuando la vemos como un medio para servir a los demás y exaltarlo.

Esforcémonos por encontrar la felicidad en nuestros trabajos de hoy, entendiendo que nuestro trabajo sirve a un bien mayor que nosotros mismos. Suplamos a Dios que revele Su plan para nuestras vidas y busque Su sabiduría y dirección para nuestros trabajos. Que encontremos satisfacción en el trabajo en sí, así como en los resultados, entendiendo que cada tarea que completamos con un corazón dedicado a Dios nos acerca un paso más a la realización de nuestro propósito en Él.

MANEJAR EL ESTRÉS CON LA CALMA DE DIOS

"Estar quieto ante el Señor y esperar pacientemente por él; no se preocupe cuando las personas tienen éxito en sus caminos, cuando llevan a cabo sus malvados planes". - Salmo 37:7 todo.

Pero no estamos llamados a manejar el estrés por nuestra cuenta como hombres de fe. Dios nos da Su serenidad, Su presencia y Su dirección. Cuando nos enfrentamos a eventos difíciles en este mundo de ritmo rápido, podríamos estar inclinados a reaccionar impulsivamente o a tomar decisiones rápidas. Pero Dios nos dice que permanezcamos inmóviles y que esperemos pacientemente su llegada. Podemos mantenernos a salvo a nosotros mismos y a otras personas pidiendo su guía y sabiduría antes de tomar decisiones.

Dios desea que tengamos fe en Él, entendiendo que Él tiene el control de todo. Demos nuestras preocupaciones al Señor cuando sintamos que la tensión nos sacará lo mejor de nosotros. Pongamos nuestra atención en la soberanía de Dios y en Su plan para nuestras vidas, en lugar de preocuparnos por los logros y planes de los demás. Su serenidad puede centrar nuestros corazones y pensamientos, dándonos la fortaleza y la resistencia para manejar el estrés con equilibrio.

Tengamos en cuenta hoy que no tenemos que manejar la tensión por nuestra cuenta. Busca el consejo de Dios, confía en Su serenidad e invita a Dios a cada situación. Con Dios a nuestro lado, podremos vencer la tensión y encontrar la serenidad en medio del caos.

ACEPTANDO LA GRACIA DE DIOS A PESAR DE LA IMPERFECCIÓN

"Pero él me dijo: 'Mi gracia es suficiente para ti, porque mi poder se perfecciona en la debilidad'". - 2 Corintios 12:9

Puede ser fácil para nosotros los hombres sentirnos abrumados por nuestros propios defectos y debilidades en un mundo que con frecuencia exige perfección. Incluso si hacemos todo lo posible por ser mejores amigos, cónyuges, padres y líderes, ocasionalmente fracasamos. Fallamos, caemos, cometemos errores. Pero hay gracia incluso en nuestras imperfecciones. La gracia de Dios es independiente de nuestra competencia o sentido de autoestima.

En realidad, Su poder se perfecciona en nuestra debilidad. Nuestros errores no tienen que ser la carga que soportamos solos. No necesitamos poner un frente de perfección. Alternativamente, podríamos abrazar con gratitud la gracia de Dios. Todos nuestros defectos están suficientemente cubiertos por la gracia de Dios. Somos capaces de descubrir la fuerza, la curación y el perdón gracias a Su gracia. Aceptemos nuestras deficiencias y dejemos que la gracia de Dios opere dentro y a través de nosotros en lugar de aspirar a la perfección.

Al hacer esto, nos encontraremos con la fuerza transformadora de Dios, que tiene la capacidad de convertir nuestras debilidades en nuestras fortalezas.

MANTENER TU FUERZA FRENTE A LA MISERIA

Isaías 40:31 - "pero aquellos que esperan en el Señor renovarán su fuerza. Se elevarán en alas como águilas; correrán y no se cansarán, caminarán y no se desmayarán".

Hay muchos obstáculos en la vida que podrían hacernos sentir deprimidos y agotados. Estos son los momentos en los que podríamos dudar de nuestra perseverancia y preguntarnos cómo podemos seguir. Pero como hombres de fe, poseemos una fuerza que trasciende tanto nuestras circunstancias como nuestras capacidades físicas.

Se nos recuerda la importancia de poner nuestra esperanza en el Señor en Isaías 40:31. Él repondrá nuestras fuerzas cuando pongamos nuestra fe en Él. Nos da la capacidad de correr con resistencia, caminar sin cansarnos y elevarnos por encima de nuestras situaciones como las águilas. Es fundamental que nunca olvidemos que el Señor es la fuente de nuestra fuerza cuando nos enfrentamos al sufrimiento.

Él es nuestro refugio y el que nos da la fuerza para soportar incluso en las circunstancias más difíciles. Tomemos la decisión de mantenernos fuertes hoy centrándonos en Dios y poniendo nuestra esperanza en Él. A medida que lo hacemos, podemos tener fe en que Él nunca nos abandonará y nos dará el coraje de soportar cualquier prueba o sufrimiento que se nos otre.

LA DISPOSICIÓN A PERDONAR Y REPARAR

"Pero te digo, ama a tus enemigos y ora por los que te persiguen". - Mateo 5:44

¿Alguna vez alguien te ha hecho daño o te ha engañado? Es normal sentirse ofendido o resentido con las personas que nos han hecho daño. Sin embargo, se espera que tengamos un nivel más alto como discípulos de Cristo. Incluso nuestros adversarios merecen nuestra compasión y perdón.

Jesús nos enseña el valor del perdón y el amor en Mateo 5:44. Nos insta a amar a nuestros adversarios y a aquellos que nos persiguen, además de a nuestros amigos y familiares. Aunque puede parecer imposible, podemos descubrir la fuerza para cumplir con este deber por el poder del Espíritu Santo.

Nos liberamos del peso del resentimiento y la amargura cuando elegimos amar y perdonar a aquellos que nos han hecho daño. Le damos permiso a Dios para sanar nuestros corazones heridos y reconciliar nuestros espíritus. Aunque no siempre es sencillo, cuando elegimos el amor por encima del odio, honramos a Dios y emulamos las cualidades de Cristo.

Miremos en nuestros corazones hoy y roguemos a Dios que nos conceda la capacidad de perdonar y sanar. Como Dios ha hecho por nosotros, oremos por aquellos que nos han hecho daño y muéstreles perdón y misericordia. Que sintamos la libertad que proviene de dejar ir y aceptar el perdón, y que nuestro amor sirva como testimonio del poder transformador de Dios.

BUSCANDO LA VISIÓN DE DIOS MIENTRAS SE TOMAN DECISIONES

"Confía en el Señor con todo tu corazón y no te apoyes en tu propio entendimiento; en todos tus caminos, sométete a él, y él enderezará tus caminos" - Proverbios 3:5-6

Con frecuencia, los hombres se ven obligados a tomar decisiones cruciales que tienen el poder de alterar la trayectoria de sus vidas. Es esencial que le pidamos a Dios sabiduría y dirección durante estos tiempos. La Escritura nos insta a poner toda nuestra confianza en el Señor, incluso cuando el mundo exterior puede instarnos a confiar en nuestro propio juicio o a seguir el consejo de otras personas.

Cuando ponemos nuestra fe en Dios, confesamos que Su sabiduría es mayor que nuestra propia comprensión finita. Quiere guiarnos por el camino correcto y es consciente de los planes que tiene para nosotros. Buscar la sabiduría de Dios, sin embargo, implica más que solo aceptar Su conocimiento; también implica someter nuestros propios planes y aspiraciones a Su voluntad.

Acerquemos a Dios con humildad durante el proceso de toma de decisiones, pidiendo Su dirección a través de la oración y Su Palabra. Estemos dispuestos a seguir la guía del Espíritu Santo y poner nuestra confianza en Su sabiduría. Podemos confiar en Dios para que nos guíe y enderece nuestros caminos a medida que logramos esto, llevándonos a la abundante vida que Él ha prometido.

LLEVAR UNA VIDA HONESTA

Proverbios 11:3 - "La integridad de los erguidos los guía, pero los infieles son destruidos por su duplicidad".

Podría ser fácil ceder a las tentaciones de la deshonestidad en una sociedad que con frecuencia valora el éxito a cualquier precio. Por otro lado, se espera que vivamos vidas honorables y veraces como hombres de Dios. El verso de hoy sirve como un recordatorio útil de lo importante que es vivir una vida honesta.

Los verticales se guían por la integridad. Nuestra brújula moral es lo que guía nuestras elecciones y acciones. Nos resistimos a las presiones de este mundo cuando elegimos caminar con honestidad. Un estándar más alto que encarna la naturaleza de nuestro Padre Celestial sirve como nuestra guía.

Sin embargo, debido a su engaño, las personas que son infieles y deshonestas corren el riesgo de ser aniquiladas. Al principio, el camino de la deshonestidad podría parecer seductor, ya que ofrece recompensas rápidas y atajos para el logro. Sin embargo, en última instancia, resulta en devastación y vacío.

Se espera que seamos diferentes como hombres de Dios. Decidamos vivir vidas honorables y pedirle al Señor orientación en todo lo que hacemos. Al hacer esto, reflejamos la naturaleza de nuestro Padre Celestial y nos convertimos en una luz en un mundo oscuro. Que siempre mantengamos nuestros estándares morales, entendiendo que Dios recompensa a aquellos que viven vidas morales.

CULTIVAR CONEXIONES POSITIVAS

Proverbios 13:20 (NIV) - "Camina con los sabios y hace sabio, porque un compañero de tontos sufre daño"

Es fundamental para nosotros, como chicos, rodearnos de personas positivas en un mundo lleno de negatividad y distracciones. Las personas que seleccionamos para rodearnos influyen en gran medida en nuestras decisiones, carácter y estado de ánimo. Los hombres que aspiran a vivir vidas piadosas necesitan cultivar intencionalmente relaciones que eleven y apoyen nuestra búsqueda de perspicacia.

Proverbios 13:20 sirve como recordatorio del impacto significativo que nuestros amigos y familiares tienen en nosotros. Tomar decisiones sensatas y ganar sabiduría son posibles caminando entre los sabios. Por otro lado, asociarse con personas idiotas podría causar daño y resultados desfavorables.

Debemos pedirle a Dios sabiduría y discernimiento en nuestras relaciones mientras trabajamos para construir lazos saludables. Rodémonos de personas que defienden nuestros principios morales, nos empujan a crecer como personas y reflejan la verdad y el amor de Dios.

Considera a las personas en tu vida por un momento hoy. ¿Te guían en las direcciones equivocadas o son una fuente de sabiduría y apoyo? Busca la ayuda de Dios para reconocer y cultivar relaciones que fortalecerán tu fe y fibra moral.

Recuerde que podemos experimentar el enriquecimiento espiritual, el crecimiento y la rendición de cuentas rodeándonos de sabia compañía y persiguiendo conexiones piadosas. Que nuestras relaciones finalmente exalten el nombre de Dios y estén en línea con Su plan para nosotros.

LA GRACIA DE LA PAZ DE DIOS

Filipenses 4:7 - "Y la paz de Dios, que sobrepasa todo entendimiento, protegerá vuestros corazones y vuestras mentes en Cristo Jesús".

En un mundo caótico e incierto, encontrar la tranquilidad a veces puede parecer inalcanzable. Las demandas de nuestra vida diaria, nuestras relaciones y nuestros trabajos pueden agotarnos y abrumarnos. Sin embargo, como hombres de fe, tenemos acceso a la paz de Dios, que es mayor que cualquier comprensión humana.

La gracia de la paz de Dios es independiente de nuestra situación o de nuestra capacidad para influir en ella. Es una calma etérea que envuelve nuestros corazones y cerebros, protegiéndonos de la incertidumbre, el miedo y la ansiedad. Podemos experimentar esta tranquilidad gracias a nuestra relación con Cristo Jesús.

La paz de Dios es una necesidad, no una extravagancia. Nos ofrece esperanza cuando todo lo demás parece perdido y nos mantiene pasando por momentos difíciles. Es una tranquilidad que está más allá de nuestra comprensión, basada en la convicción de que Dios está a cargo y está usando todo para nuestro beneficio.

Demos a Dios nuestras preocupaciones y temores hoy para que podamos dar la bienvenida a Su serenidad. Teniendo una paz que protege nuestros corazones y mentes, creamos que Su gracia es suficiente para superar cada día. Que nos reconfortemos en la inquebrantable realidad de que siempre podemos acceder a la paz de Dios, sin importar cuál sea nuestra situación.

ENFRENTANDO LA IRA CON EL AMOR DE DIOS

Efesios 4:26-27 - "En tu ira no peques": No dejes que el sol se ponga mientras todavía estás enojado, y no des un punto de apoyo al diablo.

La ira es un sentimiento fuerte que puede aprovecharse fácilmente de nuestros corazones y hacer que tomemos decisiones terribles. Aunque todo el mundo experimenta momentos de irritación y decepción, la forma en que manejamos estas emociones puede tener un efecto significativo tanto en nuestras relaciones como en nuestra relación con Dios.

Pablo nos exhorta a no dejar que nuestra rabia crezca y se encone durante la noche en Efesios 4:26-27. Es simple dejar que el resentimiento se encone y se construya, pero cuando lo hacemos, le damos al diablo acceso a nuestras vidas. En cambio, debemos lidiar rápidamente con nuestra ira dándola a Dios y buscando su visión.

Tengamos en cuenta el ejemplo de Jesús cuando estamos enojados. Rechazó la venganza y el odio en favor de la compasión y el perdón. Es nuestro deber como Sus discípulos emularlo. Podemos mirar a la Palabra de Dios durante los tiempos difíciles para encontrar Su amor y dirección para manejar nuestras emociones.

Abramos nuestros corazones para recibir el amor de Dios hoy para que podamos reaccionar a la ira con perdón, gracia y misericordia. Que decidamos dejar de lado nuestro resentimiento y dejar que Su amor dirija nuestro comportamiento. Al hacer esto, podemos mantenernos alejados del pecado y caminar en Su amor, mostrando al mundo qué tipo de persona es.

CONVIRTIENDO LAS PRUEBAS EN TRIUNFOS

Santiago 1:2-4 (NVI) - "Considerad pura alegría, hermanos y hermanas, cada vez que os enfrentáis a pruebas de mucho tipo, porque sabéis que la prueba de vuestra fe produce perseverancia. Deja que la perseverancia termine su trabajo para que puedas ser maduro y completo, sin que te falte nada".

Todos nos enfrentamos a desafíos y dificultades en la vida que tienen el poder de devastarnos por completo. Podría ser fácil sentirse derrotado, desanimado y abrumado durante estos tiempos. Este versículo, sin embargo, sirve como un recordatorio convincente de la posibilidad de que nuestras luchas finalmente resulten en victorias.

Estamos llamados a dar la bienvenida a nuestras pruebas con entusiasmo y considerarlas como oportunidades para el desarrollo personal, en lugar de verlas como meras fuentes de sufrimiento. Crecemos en perseverancia cuando nuestra fe se pone a prueba. Nos convertimos en personas más fuertes y maduras como resultado de superar estas adversidades.

Dios da forma a nuestro carácter, nos refina y aumenta nuestra dependencia de Él a través de nuestras dificultades. Él nos da el coraje y el discernimiento para enfrentar nuestros desafíos de frente cuando se los entregamos a Él. Nuestras luchas se convierten en oportunidades de triunfo, evidencia de la fidelidad de Dios y ventanas a través de las cuales se puede ver su esplendor.

Por lo tanto, no dejemos que las dificultades que encontramos nos depriman. Más bien, creamos que Dios está trabajando en ellos y a través de ellos, y que, si perseveramos y ponemos nuestra confianza en Él, Él finalmente traerá nuestra victoria. Pon tu esperanza y confianza en el que tiene el poder de resolver cada circunstancia para tu beneficio, y transforma tus pruebas en victorias.

EL LLAMADO A LIDERAR CON HUMILDAD

"El que quiera ser grande entre vosotros debe ser su siervo, y el que quiera ser el primero debe ser esclavo de todos". - Marcos 10:43-44

Los hombres tienden a equiparar el liderazgo con tener autoridad, poder y reconocimiento. Queremos estar en la cima, ser considerados como influyentes y exitosos. Jesús, sin embargo, nos desafía a una forma diferente de liderazgo, una que se basa en el servicio y la humildad.

Ser un esclavo o un sirviente puede parecer un signo de debilidad para el mundo exterior, pero Jesús desafía esta idea. Él nos enseña que ayudar a los demás, poner sus necesidades por delante de las nuestras y ejercer la humildad en el liderazgo son las claves de la verdadera grandeza.

Debemos dejar de lado nuestros propios egos y orgullo para poder liderar con humildad. Implica escuchar atentamente, obtener consejos informados y priorizar las necesidades de los demás sobre las nuestras. Implica dar un buen ejemplo, ser amable y compasivo, y estar preparado para hacer el esfuerzo adicional necesario para ayudar a las personas que nos rodean.

Nos volvemos más receptivos a la compasión y amabilidad de Dios cuando aceptamos el desafío de liderar con humildad. Nos convertimos en conductos para que su amor se muestre a los demás. En un mundo que necesita tan urgentemente su toque, asumimos el papel de ser las manos y los pies de Jesús.

Reexaminemos lo que significa el liderazgo hoy en día y aceptemos la llamada al servicio. Sabiendo que la verdadera grandeza reside en el desinterés, la compasión y la voluntad de poner a los demás antes que, a nosotros mismos, lideremos con humildad. Que servir a los demás, como nuestro Salvador, Jesucristo, ejemplifica, nos proporcione felicidad y significado.

ABRAZANDO LAS PROMESAS DE DIOS PARA LA PROVISIÓN

"Pero mi Dios proveerá todas tus necesidades de acuerdo con sus riquezas en la gloria por Cristo Jesús". - Filipenses 4:19

Es fácil preocuparse por nuestra provisión y necesidades materiales en una sociedad en la que las cosas no están claras y a menudo cambian. Pero se nos ordena, como hombres de fe, que pongamos nuestra fe en las promesas de suministro de Dios.

La Biblia sirve como recordatorio de que Dios es nuestro último proveedor. Se compromete a satisfacer todas nuestras necesidades, no de acuerdo con nuestros escasos medios, sino más bien de acuerdo con Sus inconmensurables riquezas y majestad. Este versículo sirve como un recordatorio de que, a través de Cristo Jesús, somos provistos desde los abundantes almacenes del cielo.

Aceptar las promesas de provisión de Dios requiere un cambio de punto de vista y una fuerte dependencia de Él. Se nos pide que le demos a Dios nuestras ansiedades y miedos, creyendo que Él nos proveería de maneras que están más allá de nuestra comprensión, en lugar de depender solo de nuestros propios recursos y esfuerzos.

Aceptemos las promesas de provisión de Dios como hombres de fe. Buscar Su dirección, trabajar duro y tener fe en que Él proveerá nuestras necesidades en su momento y manera perfectos son todo lo que se requiere. Que el conocimiento de que nuestro padre celestial nos cuida y es confiable para satisfacer todas nuestras necesidades nos traiga consuelo y alegría.

CONFISCANDO EN LA FUERZA DE DIOS EN LA DEBILIDAD

"Bendito sea el Dios y el Padre de nuestro Señor Jesucristo, el Padre de las misericordias y el Dios de todo consuelo, que nos consuela en toda nuestra aflicción, para que podamos ser capaces de consolar a los que están en cualquier aflicción, con el consuelo con el que nosotros mismos somos consolados por Dios". (2 Corintios 1:3-4)

Numerosos obstáculos pueden surgir en nuestra vida. Podemos experimentar sentimientos abrumadores de impotencia y soledad durante estos períodos de debilidad y dificultades. Pero como hombres de fe, debemos tener en cuenta que no nos limitamos a depender solo de nuestra propia fuerza. Dios siempre está disponible para ofrecer coraje, apoyo y dirección. Él es el Padre de las misericordias y el consuelo.

La presencia tranquilizadora y amorosa de Dios nos da fuerza en medio de nuestra fragilidad. Está dispuesto a proporcionar su gracia sin límites porque reconoce nuestras dificultades. Hacemos espacio para que Dios actúe dentro y a través de nosotros cuando dirigimos nuestra atención de nosotros mismos y hacia Él. Nos convertimos en conductos para Su consuelo, equipados para servir a aquellos que enfrentan dificultades.

Hermanos, no nos rindamos ni permitamos que nuestras deficiencias nos depriman. Más bien, confiemos en Dios y creamos en Su poder confiable.

EL IMPACTO DE UN CORAZÓN GRACIOSO

En Proverbios 11:16, leemos estas palabras de sabiduría: "Una mujer misericordiosa recibe honor, y los hombres violentos obtienen riquezas".

Es fácil subestimar la influencia de un corazón agradecido en una sociedad que con frecuencia valora la vanidad y el autoengrandecimiento. Sin embargo, la Biblia sirve como un recordatorio constante del poder que cambia la vida que el amor y la bondad pueden tener tanto en las personas que nos rodean como en nosotros mismos.

El corazón de Dios se refleja en nosotros cuando nos acercamos a las personas con gracia. Nuestra compasión y gentileza pueden hacer que alguien se sienta lo suficientemente cómodo como para abrirse y pedir ayuda. En sus vidas, actuamos como conductos para el amor de Dios y Su transformación.

Además, nos beneficiamos y crecemos personalmente cuando practicamos tener un corazón amable. Esto es para que Dios pueda trabajar dentro y a través de nosotros cuando realizamos hechos de misericordia y bondad porque provienen de una posición de humildad y desinterés. Cuando mostramos gracia, hacemos espacio para que la gracia vuelva a nosotros.

Por lo tanto, hagamos un esfuerzo por vivir amablemente y pedirle a Dios dirección en todos nuestros tratos. Que las personas que nos rodean encuentren consuelo, curación y transformación de nuestras palabras y acciones. Recuerde que tener un corazón agradecido tiene el poder de tocar positivamente la vida de las personas y tener un efecto de amplio alcance.

REFORZAR LA FE A TRAVÉS DE LA PALABRA DE DIOS

"Entonces la fe viene por oír, y escuchar por la palabra de Dios". - Romanos 10:17

Nuestra fe podría volverse frágil y débil en un mundo incierto. Debemos mirar a la Palabra de Dios, la última fuente de apoyo y dirección, durante estos tiempos difíciles. La Biblia es una herramienta viva y poderosa que puede cambiar nuestras vidas y fortalecer nuestra fe; es más que una simple colección de cuentos y sabiduría proverbial.

En Romanos 10:17 se nos recuerda que escuchar la Palabra de Dios es la fuente de la fe. Nuestra fe crece y florece a medida que pasamos tiempo leyendo, estudiando y pensando en las Escrituras. La Palabra de Dios tiene la capacidad de reavivar nuestra fe, revitalizar nuestros pensamientos y darnos confianza en nosotros mismos.

Sin embargo, leer la Biblia por sí sola es insuficiente; también necesitamos interactuar activamente con ella y dejarla entrar en nuestras almas. Dios se da a conocer a sí mismo a través de las promesas, direcciones y realidades incluidas en Su Palabra. Recibimos consuelo en tiempos difíciles, discernimiento en la toma de decisiones e inspiración para buscar la justicia de Su Palabra.

Démosle prioridad a la búsqueda de la Palabra de Dios por encima de cualquier otra cosa hoy. Tengamos sed de Su palabra, consideremos Sus promesas y pongamos en práctica Sus lecciones en nuestra vida diaria. A medida que hacemos esto, la Palabra de Dios se volverá más poderosa en nuestras vidas y nuestra fe se fortalecerá. Que caminemos en obediencia a Su verdad, con nuestros corazones bien abiertos para recibirla.

EN LA ARENA: SUPERAR LOS DESAFÍOS CON LA FUERZA DE DIOS

En 2 Corintios 12:9, dice: "Pero él me dijo: 'Mi gracia es suficiente para ti, porque mi poder se perfecciona en debilidad'".

Hay muchos obstáculos en la vida, y a veces parece que estamos librando una batalla cuesta arriba. Podríamos experimentar problemas abrumadores en nuestras vidas personales, relaciones o lugares de trabajo. Es fácil sentirse frustrado y como rendirse durante estos tiempos.

Sin embargo, estamos llamados a un punto de vista diferente como hombres de fe. No solo nosotros nos enfrentamos a las dificultades. De hecho, poseemos la fuerza de Dios.

En lugar de intentar manejar todo nosotros mismos, debemos humillarnos y recurrir a Dios en su lugar de dirección y asistencia. Nos ha asegurado que nos dará la fortaleza para superar todos los obstáculos en nuestro camino.

Por lo tanto, no dejemos que las dificultades a las que nos enfrentamos nos disuadan. Más bien, confiemos en Dios y su fuerza para superar los desafíos de la vida. Recuerda que somos capaces de vencer todos los obstáculos en nuestro camino gracias a Su fuerza.

ENCONTRAR UN PROPÓSITO AL SERVIR A LOS DEMÁS

"Porque ni siquiera el Hijo del Hombre vino para ser servido, sino para servir, y para dar su vida como un rescate para muchos". Marca 10:45 (NIV)

Los hombres con frecuencia se encuentran con el objetivo de la reputación, el dinero y el éxito. Estamos inundados de mensajes que nos dicen que prioricemos nuestras propias necesidades y nos pongamos en primer lugar. Sin embargo, estamos llamados a una nueva forma de vida, en medio de este mundo donde todos son egocéntricos.

Jesús nos recuerda su misión en la tierra en Marcos 10:45. Vino a servir, no a ser servido. Él voluntariamente entregó su vida para salvar a otros. Este verso nos empuja a cambiar nuestro punto de vista y descubrir el significado de ayudar a los demás.

Puede que no siempre nos resulte fácil servir a los demás. Puede que tengamos que renunciar a nuestra comodidad, finanzas y tiempo para ello. Sin embargo, nos alineamos con el corazón cuando elegimos servir.

Más allá de nuestros objetivos personales, servir a los demás nos permite descubrir la satisfacción, la alegría y el significado. Nos permite tener un impacto significativo en la vida de los que se encuentran en nuestras inmediaciones. Hay muchas maneras en las que podemos ayudar, como trabajar en una organización benéfica cercana, ser mentor de un joven o simplemente escuchar.

Oremos a Dios para que nos ayude a ver las necesidades de nuestra comunidad y para que nos dé la valentía de ir a ayudar a los demás. Que podamos descubrir nuestro objetivo final imitando a Jesús, quien ofreció Su vida para salvarnos. Ayudar a otros no solo mejora sus vidas, sino que también exalta a Dios.

RENDIRSE A LA VOLUNTAD DE DIOS: IDENTIFICAR LA FUERZA EN LA CONFIANZA

"Bendito sea el hombre que confía en el Señor, cuya confianza es el Señor". - Jeremías 17:7 (ESV)

Entregarse a la voluntad de Dios puede parecer paradójico en una sociedad que valora la autonomía y la autosuficiencia. Significa poner nuestra fe en el Señor y dejar de lado nuestras propias metas y objetivos. Sin embargo, como nos recuerda esta escritura, poner nuestra confianza en Dios nos da mucho poder.

Reconocer que el momento y las intenciones del Señor son muy superiores a los nuestros es una parte necesaria de confiar en Él. Implica dejar de usar nuestro deseo de control y tomar la decisión de tener fe en que Dios es confiable y nos guiará por el camino correcto. Requiere humildad y disposición para seguir su dirección.

Incluso si rendirse podría ser difícil a veces, es este acto de fe el que conduce a la fuerza real. Cuando ponemos nuestra confianza en Dios, confiamos en Su poder y conocimiento ilimitados en lugar de en nuestra propia fuerza y sabiduría finitas. Saber que Dios está organizando las cosas para nuestro beneficio y que no estamos solos en nuestras decisiones puede traernos consuelo.

Por lo tanto, sometámonos a la voluntad de Dios y pidamos Su sabiduría y dirección en todos los aspectos de nuestras vidas. Que reconozcamos el poder que proviene de poner nuestra fe en el Señor, sabiendo que Él será confiable para mantener Su palabra y guiarnos hacia el logro y la satisfacción.

LA LIBERTAD DE VIDA RENDIDA

"Por lo tanto, les insto a ustedes, hermanos y hermanas, en vista de la misericordia de Dios, a que ofrezcan sus cuerpos como un sacrificio vivo, santo y agradable a Dios: esta es su verdadera y adecuada adoración". Romanos 12:1 (NIV)

Los hombres a menudo aspiran a ser independientes y estar a cargo de sus vidas. Queremos tener el control, tomar nuestras propias decisiones y perseguir nuestros propios objetivos. Pero cuando damos nuestra vida a Dios, finalmente podemos experimentar la libertad genuina que buscamos.

El apóstol Pablo nos exhorta a presentar nuestros cuerpos a Dios como sacrificios vivientes en este versículo. Esto implica darle nuestro libre albedrío, nuestros objetivos y nuestros planes. Solo podemos experimentar realmente la libertad y la transformación de la vida a través de la rendición.

Entregarnos a Dios nos permite dejar de lado nuestros problemas y cargas porque tenemos fe en que Él es consciente de lo que es mejor para nosotros. Estamos libres de las cadenas del pecado y de los esfuerzos onerosos cuando nos damos por venidos.

Los hombres tienen la opción de vivir vidas de rendición, creyendo que Dios tiene intenciones buenas y perfectas para nosotros. Entreguemos nuestros egos y sentido del poder a Dios, y dejemos que Él nos guíe y nos guíe. La verdadera libertad y la maravillosa vida que Dios ha planeado para nosotros se encuentran en la rendición.

SUPERAR LA PREOCUPACIÓN CON LA PAZ DE DIOS

Filipenses 4:6-7 - "No se preocupen por nada, pero en cada situación, mediante oración y petición, con acción de gracias, presente sus peticiones a Dios. Y la paz de Dios, que trasciende todo entendimiento, protegerá vuestros corazones y vuestras mentes en Cristo Jesús".

En un mundo lleno de incógnitas y dificultades, es fácil ser superado por la ansiedad. Nuestras preocupaciones pueden incluir cosas como nuestra situación financiera, relaciones, futuro y muchas otras cosas. Pero como hombres de fe, se nos insta a superar la ansiedad y aprovechar la serenidad de Dios.

Filipenses 4:6-7 sirve como un recordatorio útil para no preocuparse por nada. Aunque puede ser más fácil decirlo que hacerlo, tener fe en Dios es la clave para superar la ansiedad. Se nos insta a someter nuestros problemas a Dios en oración, con acción de gracias, en lugar de dejar que nos consuman. Nuestro canal directo de contacto con el creador del universo, que es consciente de todas nuestras necesidades y está ansioso por ayudarnos, es a través de la oración.

En el momento en que le damos nuestros problemas a Dios, se produce un milagro. Su calma, que está más allá de nuestra comprensión, impregna nuestros corazones y pensamientos. Es una tranquilidad que desafía la comprensión o la explicación solo por la razón humana. Esta calma sirve como una barrera contra la incertidumbre, la preocupación y la ansiedad. Es la garantía de que Dios está a cargo de nuestra vida y que no estamos solos.

Hombres, siempre debemos tener en cuenta que preocuparse no mejora la vida. Más bien, nos roba la felicidad y socava nuestra fe. Tomemos la decisión de darle a Dios nuestras preocupaciones hoy, confiando en que Él se encargará de nuestras necesidades y proveerá de nuestras necesidades. Practiquemos la oración y la gratitud a diario para que la paz de Dios pueda gobernar en todas las circunstancias.

USAR TUS FINANZAS PARA HONRAR A DIOS

"Honra al Señor con tu riqueza y con los primogénitos de todos vuestros productos". - Proverbios 3:9

Estamos obligados a glorificar a Dios con cada parte de nuestra existencia como hombres de Dios, incluida nuestra situación financiera. Nuestros valores y prioridades se pueden ver con frecuencia en la forma en que nos relacionamos con el dinero. En el mundo materialista de hoy en día, es fácil absorto en la persecución de la prosperidad material.

Sin embargo, como nos recuerda la Biblia, tenemos la responsabilidad de usar nuestra riqueza para glorificar al Señor. Esto implica administrar nuestros fondos de manera sensata y de una manera que honra y agrada a Dios, además de ser buenos administradores de ellos.

Devolver los primos frutos de nuestros productos a Dios es una forma en que podemos glorificarlo con nuestro dinero. Esto reconoce que Dios es la fuente de todas las cosas buenas y es un símbolo de obediencia y confianza. Expresamos nuestro agradecimiento y dependencia de Él pagando constantemente nuestros diezmos y ofrendas.

Además, debemos utilizar nuestro dinero para otras causas que sean consistentes con los principios del Reino de Dios. Podemos demostrar que estamos comprometidos a honrar a Dios con nuestras vidas financieras invirtiendo en misiones, contribuyendo liberalmente a la obra de Su iglesia y proporcionando ayuda a los necesitados.

En lugar de dejar que la persecución de la riqueza nos consuma, usemos el dinero para glorificar a Dios y promover Su Reino en la tierra. Disfrutaremos de Sus bendiciones y la satisfacción de saber que nuestros recursos se están utilizando para Su gloria, ya que le damos la máxima prioridad al tomar decisiones financieras.

EL PODER DEL AMOR
INQUEBRANTABLE DE DIOS

Romanos 8:38-39 - "Porque estoy convencido de que ni la muerte ni la vida, ni los ángeles ni los demonios, ni el presente ni el futuro, ni ningún poder, ni altura ni profundidad, ni nada más en toda la creación, serán capaces de separarnos del amor de Dios que está en Cristo Jesús nuestro Señor".

Es consolador saber que el amor de Dios es infalible y firme en un mundo lleno de incertidumbre y cambio perpetuo. Él tiene un amor que está más allá de la comprensión; no se basa en nuestras circunstancias o nuestras acciones.

El conocimiento de que el amor de Dios por nosotros es inmutable nos da consuelo en medio de cualquier dificultad. Es un amor que supera nuestras insuficiencias, miedos y fracasos. Es un amor que perdura a pesar de nuestras incertidumbres y dificultades.

El amor inestable de Dios tiene poder transformador. Tiene la capacidad de reparar nuestra ruptura, reforzar nuestra fe y darnos la fuerza para soportar las dificultades de la vida. El amor de Dios por nosotros es tan grande que nos da la fuerza para enfrentar el miedo, pasar por pruebas y perseguir con confianza Su plan para nuestra vida.

Consideremos hoy el hecho de que nada en toda la creación, ninguna situación, ninguna persona, ninguna fuerza en este mundo, puede evitar que Dios nos ame. Es un amor que nunca se desvanece y que podemos tener todos los días. Podemos estar seguros de que el amor de Dios nos apoyará y nos guiará a través de cada etapa de la vida, independientemente de los desafíos que podamos encontrar.

LLEVAR UNA VIDA INTEGRAL

"Confía en el Señor con todo tu corazón y no te apoyes en tu propio entendimiento; en todos tus caminos, sométete a él, y él enderezará tus caminos". - Proverbios 3:5-6

Estamos obligados a ser hombres de integridad en una sociedad que con frecuencia promueve el compromiso. Sin embargo, ¿qué implica realmente llevar una vida integradora?

Vivir una vida integral implica poner toda nuestra fe y confianza en el Señor y no en nuestra propia sabiduría. Implica dar a Dios todos nuestros objetivos, planes y aspiraciones y admitir que solo Él tiene la visión perfecta para guiarnos en la dirección correcta.

Entregarnos a Dios en todos los sentidos es otro aspecto de vivir una vida integrada. Esto requiere humildad y disposición a pedir Su sabiduría y dirección en todas nuestras decisiones. Recordemos esto constantemente cuando tomemos decisiones sobre nuestra vida diaria, ocupaciones y relaciones que buscan la dirección de Dios.

El Señor promete enderezar nuestros caminos siempre y cuando confiemos en Él y nos rindamos a Él. Él nos llevará a una vida llena de significado y satisfacción, nos protegerá y nos guiará. Hagamos un esfuerzo por vivir con honor, yendo a donde Dios nos guía en cada área de nuestras vidas. Que seamos considerados como hombres que aspiran a complacer al Señor en todo lo que hacemos y que ponen nuestra plena confianza en Él.

MANEJAR LAS DIFICULTADES FAMILIARES CON LA FE

Proverbios 3:5-6 - "Confía en el Señor con todo tu corazón y no te apoyes en tu propio entendimiento; en todos tus caminos, sométete a él, y él enderezará tus caminos".

La vida puede estar llena de desafíos y dificultades, especialmente en nuestras familias. Podríamos experimentar desacuerdos, faltas de comunicación o relaciones difíciles. Es fácil sentirse abrumado en estas situaciones y dejar de creer en el propósito de Dios para nuestra familia.

Pero incluso en medio de la agitación, la Biblia nos exhorta a poner toda nuestra confianza en el Señor. Debido a las limitaciones de nuestro conocimiento, es posible que no siempre seamos capaces de entender las causas de los problemas que encontramos. Pero Dios promete enderezar nuestros caminos si sometemos nuestros caminos a Él y confiamos en Su sabiduría.

Es fundamental tener en cuenta que Dios está a cargo cuando se trata de problemas familiares. Él entiende lo que es mejor para nosotros y para nuestros seres queridos, ya que tiene una perspectiva amplia. En lugar de depender exclusivamente de nuestras propias capacidades y comprensión, estamos obligados a confiar en Él y seguir su dirección.

LOS BENEFICIOS DE LA DIRECCIÓN DE DIOS

Proverbios 3:6 - "En todos tus caminos, reconócelo, y él enderezará tus caminos".

Los hombres con frecuencia tienen una gran satisfacción en su independencia y capacidad para razonar y tomar decisiones basadas solo en su propia intuición. Sin embargo, es muy beneficioso buscar a Dios en busca de guía en cada área de tu vida. Él enderezará nuestros caminos si lo reconocemos y le damos nuestras metas e intenciones.

Buscar la guía de Dios tiene varias ventajas. En primer lugar, nos salvamos de los peligros de actuar por impulso o por prisa, lo que podría tener efectos desfavorables. La guía de Dios nos da la visión, la sabiduría y la claridad para tomar decisiones que estén en línea con Su plan para nuestra vida.

En segundo lugar, pedir orientación a Dios expone puertas que no habríamos notado o en las que no habríamos pensado mucho. Él siempre tiene planes más grandes que nosotros, y seguir su guía puede resultar en satisfacción, oportunidades y recompensas que nunca habríamos imaginado.

Finalmente, pedirle guía a Dios cultiva un fuerte sentido de dependencia y confianza en Él. Nos basamos más en Su dirección que en nuestra propia comprensión finita. Como resultado, nuestra relación con Él se fortalece y Él es capaz de trabajar poderosamente en nosotros y a través de nosotros.

Por lo tanto, en lugar de sentirnos orgullosos de nuestro conocimiento, humillemos y busquemos la guía de Dios en todo lo que hacemos. Al hacer esto, cosecharemos las abundantes recompensas de Su dirección, discernimiento y favor.

LIBERARSE DE LOS PATRONES DESTRUCTIVOS

"No te conformes con el patrón de este mundo, sino que te transformes por la renovación de tu mente". - Romanos 12:2 (NVI)

Todos sufrimos con nuestra parte de malos hábitos como hombres de Dios. Las adicciones, los patrones mentales dañinos y el comportamiento venenoso son algunos ejemplos de estos hábitos. Sin embargo, no se espera que sigamos los caminos de este mundo. Dios desea que hayamos transformado vidas a través de la renovación mental de acuerdo con Su Palabra.

Se necesita intencionalidad y fe en el poder de Dios para superar los comportamientos poco saludables. No podemos depender de nuestra propia fuerza para romper estos hábitos. Más bien, tenemos que rendirnos a la dirección de Dios y dejar que Su Espíritu nos cambie de adentro hacia afuera.

Reconozcamos nuestros hábitos negativos y pidamos a Dios que nos ayude a romperlos a medida que nos acercamos a la libertad hoy. Permitiendo que Él regenere nuestros pensamientos y transforme nuestras acciones, démosle nuestra voluntad y deseos. Encontraremos la fortaleza y el aliento que necesitamos en Su presencia para superar los hábitos dañinos.

Recuerde que el cambio es un proceso y podría no ocurrir de inmediato. Sin embargo, realmente podemos liberarnos de nuestros hábitos negativos rindiéndonos regularmente al poder transformador de Dios. Pongámonos fe en Su constancia, seguros de que Él nos dará el coraje y la dirección que necesitamos para superar nuestras limitaciones y vivir la vida abundante que Él desea para nosotros.

ACEPTAR EL PROPÓSITO DE TU VIDA COMO EL DE DIOS

Jeremías 29:11 - "Porque conozco los planes que tengo para ti", declara el Señor, "planes para prosperarte y no para hacerte daño, planes para darte esperanza y un futuro".

Los hombres a menudo se preguntan cuál es el propósito y la dirección de su vida. Es posible que nos sintamos desorientados, incómodos o sobrecargados por las opciones y obligaciones a las que nos enfrentamos. Es fundamental tener en cuenta que Dios tiene un propósito para cada uno de nosotros durante estos tiempos inciertos.

Dios comunica a su pueblo directamente en Jeremías 29:11, diciéndoles que tiene planes para sus vidas. Planes para proporcionarles un futuro, prosperidad y esperanza. Este versículo sirve como recordatorio de que Dios está activamente involucrado en guiar y dar forma a nuestro camino y que no estamos solos en este viaje.

Se necesita confianza y rendición para reconocer el propósito de Dios para nuestras vidas. Implica admitir que, aunque los métodos de Dios son más altos y Su conocimiento mayor que el nuestro, es posible que sus intenciones no siempre se alineen con nuestras propias preferencias o expectativas. Implica aceptar las habilidades, intereses y dones especiales que Dios nos ha dado a cada uno de nosotros y darles un buen uso para su gloria.

Aceptar que Dios es el que creó el propósito de nuestra vida nos permite vivir en paz y satisfacción porque sabemos que estamos justo donde Él quiere que estemos. Podemos tener fe en que Él nos proporcionará todo lo que necesitemos para llevar a cabo Sus propósitos para nuestra vida. Someternos a Su voluntad, pedir su dirección y perseguir valientemente los objetivos que Él tiene para nosotros.

DESCUBRIR LA FELICIDAD EN LA OBRA DE DIOS

"Compromete tu obra al Señor, y tus planes se establecerán". - Proverbios 16:3

Es fácil pasar por alto la fuente genuina de felicidad en un mundo en el que las personas buscan continuamente la satisfacción a través de los logros mundanos, el éxito y los bienes materiales. Sin embargo, como hombres de fe, tenemos el honor de darnos cuenta de una felicidad más profunda y satisfactoria: la felicidad que surge de dar nuestro trabajo al Señor.

Proverbios 16:3 sirve como un recordatorio útil de la importancia de dar a Dios el crédito por nuestro trabajo. Nos preparamos para el éxito cuando nos sometemos a Su voluntad, buscamos Su dirección y reconocemos Su soberanía. Cuando le damos nuestros planes a Dios, Él se compromete a llevarlos a cabo.

Dar a Dios nuestras aspiraciones, ansiedades y deseos es el primer paso para encontrar satisfacción en Su obra. Implica buscar Su voluntad para nuestra vida y hacer un esfuerzo por glorificarlo en lo que sea que hagamos. Podemos encontrar felicidad y satisfacción en nuestro trabajo que trasciende todo logro material cuando incluimos a Dios en él.

Hagamos una pausa hoy para considerar el trabajo que hemos hecho. ¿De verdad tenemos la intención de perseguir la voluntad y la guía de Dios en nuestras carreras? ¿Estamos listos para renunciar a nuestros planes y ser receptivos a Su guía? Que, a medida que hacemos nuestros asuntos cotidianos, podamos encontrar la verdadera alegría que proviene de coordinar nuestros esfuerzos con la voluntad perfecta de Dios.

SUPERAR LA INCERTIDUMBRE CON LA VALIDACIÓN DE DIOS

"Bendito sea el hombre que confía en el Señor,
Cuya confianza es el Señor". - Jeremías 17:7
(ESV)

Todos tenemos períodos de incertidumbre y duda en nuestra vida. Podríamos dudar de nuestras intenciones, opciones y habilidades. Es esencial pedirle confirmación a Dios durante esos momentos. El amor incondicional y la aceptación de nuestro Padre Celestial definen nuestra identidad y valor, no cualquier norma terrenal.

Cuando confiamos en Dios, ponemos toda nuestra confianza en Él, incluso cuando no sabemos a dónde ir. Promete estar con nosotros y guiarnos cuando ponemos nuestra confianza en Él. Su validación es mayor que cualquier respaldo humano o logro material.

Para superar la incertidumbre, debemos entregar nuestros miedos y preocupaciones a Dios, sabiendo que Él tiene el control. A través de la oración, la lectura de la Palabra de Dios y la obtención de sabios consejos de otros creyentes, podemos buscar Su confirmación. Dios nos dará la confirmación que necesitamos en Su momento perfecto para que podamos seguir adelante confiando en el conocimiento de que Él tiene un propósito para nuestras vidas.

Hoy, confiemos en el Señor de todo corazón, permitiendo que Su validación supere cualquier incertidumbre que podamos enfrentar. Recordemos que ponemos nuestra fe en el Dios omnipotente y confiable que va delante de nosotros, no en nuestra propia fuerza o competencia.

LA INFLUENCIA DE LA MOTIVACIÓN

"Bienaventurado aquel que no camina en el pie con los malvados o se para en el camino que los pecadores toman o se sientan en compañía de los burladores, pero cuyo deleite está en la ley del Señor, y que medita en su ley día y noche". - Salmo 1:1-2 (NIV)

Es importante tener en cuenta nuestras razones cuando tomamos decisiones en nuestro viaje espiritual. Nuestras decisiones y, al final, nuestro carácter está moldeadas por nuestras motivaciones. Es fácil perder el enfoque en las cosas importantes de la vida en un mundo lleno de tentaciones y desviaciones.

El pasaje del Salmo 1 sirve como recordatorio de que cuando alineamos nuestros motivos con la verdad de Dios, siguen verdaderas recompensas. Debemos deleitarnos y pensar en la ley del Señor día y noche, no ser influidos por los caminos del mundo. Esto implica pedir su visión y dirección antes de tomar cualquier decisión.

Es menos probable que nuestros deseos sean equivocados por las influencias del mal o que caigan en las trampas de cuando se basan en la Palabra de Dios.

Consideremos nuestras motivaciones para hoy. ¿Están fundados en la verdad de Dios y dirigidos por Su Palabra? Esforcémonos por armonizar nuestras elecciones y aspiraciones con Su voluntad, dejando que Su influencia moldee nuestras personalidades. Que seamos una luz para los demás en este mundo, guiándolos hacia el amor y la gracia de nuestro padre celestial.

EL ORGULLO SE SUPERA A TRAVÉS DE LA HUMILDAD

Proverbios 16:18 (ESV)
"El orgullo va antes que la destrucción, y un espíritu alto antes de una caída".

En el mundo moderno, el orgullo es una característica predominante que con frecuencia lleva a las personas por un camino destructivo. Es fácil quedar atrapado en la trampa de sobreestimar nuestros propios talentos, logros y capacidades. Pero la Biblia nos advierte que la arrogancia precede a la caída y que el orgullo precede a la ruina.

Los hombres que quieren vivir vidas comprometidas con Dios deben tener cuidado de mantener el orgullo fuera de sus corazones. Ser humilde es la clave que abre la puerta para superar nuestro orgullo. Es una admisión de que Dios es la fuente de todo lo que poseemos y de lo que somos.

Confesamos nuestra necesidad de la sabiduría y la dirección de Dios en nuestra vida cuando nos humillamos ante Él. Reconocemos que nuestros logros son un producto de la gracia y el favor de Dios que se nos ha otorgado, en lugar de ser completamente nuestros.

Oremos a Dios, pidiendo su guía y dándole control sobre nuestras metas y objetivos, con el fin de conquistar el orgullo. Seamos receptivos a la orientación, el asesoramiento y la corrección de aquellos en los que podemos confiar. Al hacer esto, podemos crecer de verdad y mantenernos alejados de los efectos negativos del orgullo.

Hagamos un esfuerzo para caminar con humildad hoy, dependiendo solo de la fuerza y la gracia de Dios. Podemos superar los efectos dañinos del orgullo reconociendo nuestra necesidad de Él y humillándonos a nosotros mismos. Que la humildad sea una característica definitoria de nuestra vida, que nos acerque a Dios y tenga una mayor influencia en el mundo.

DESCUBRIR LA FELICIDAD EN LA OBRA DE DIOS

"Compromete tu obra con el Señor, y tus planes se establecerán". - Proverbios 16:3 (ESV)

Es fácil perder de vista lo que realmente ofrece alegría y satisfacción en una cultura donde las riquezas financieras y los logros mundanos se asocian con frecuencia con la felicidad. Estamos llamados a encontrar satisfacción en llevar a cabo la voluntad de Dios en nuestra vida como hombres de Dios.

Este pasaje de Proverbios sirve como un recordatorio útil de la importancia de dar nuestro trabajo al Señor. Nos inspira a pedir su dirección y a adaptar nuestros objetivos a su voluntad. Dios promete hacer nuestros planes cuando pongamos nuestra fe en Él y le demos control sobre nuestras acciones.

El primer paso para encontrar disfrute en la obra de Dios es buscar Su plan para nuestra vida. Se trata de encontrar la realización y el propósito en el desempeño de los deberes y obligaciones que Él nos ha dado, como ser un cónyuge devoto, un trabajador devoto, un padre amoroso o un miembro devoto de nuestra iglesia y comunidad.

Sentimos un profundo sentimiento de satisfacción y satisfacción cuando ponemos el servicio de Dios por delante de nuestros propios objetivos y deseos. Nuestro trabajo asume el papel de una herramienta de adoración, una oportunidad para mostrar a la gente la bondad y el amor de Dios.

Demos nuestro trabajo al Señor hoy, confiando en Su suministro y buscando Su dirección. Cuando hagamos esto, encontraremos un verdadero placer al hacer realidad Su plan para nuestra vida. Que Dios haga nuestros planes y derrame Sus gloriosos beneficios en nuestro trabajo.

LA BENDICIÓN DE LA VERDADERA AMISTAD

Proverbios 17:17 - "Un amigo ama en todo momento, y un hermano nace para un tiempo de adversidad".

Dios nos ha dado la amistad como un regalo invaluable. Los compañeros genuinos son individuos que nos acompañan durante los altibajos de la vida, proporcionando afecto, asistencia y motivación. Las amistades sinceras son poco comunes en una sociedad que con frecuencia valora las relaciones superficiales, y necesitan ser atesoradas.

Este poema sirve como recordatorio de los beneficios que provienen de la amistad genuina. Alguien que nos ama sin condiciones, independientemente de nuestras transgresiones anteriores o circunstancias actuales, es un verdadero amigo. Ofrecen un oído comprensivo, un hombro consolador y consejos sabios, apoyándonos a ambos en momentos felices y tristes.

Pero la amistad genuina se basa en algo más que simplemente recibir; también implica dar. Se espera que amemos a nuestros amigos incondicionalmente, de la misma manera que ellos nos aman a nosotros. Cuando están pasando por dificultades, tenemos que estar listos para prestarles nuestro tiempo, oraciones y apoyo.

Piensa por un momento en las amistades que tienes. ¿Se basan firmemente en una base inquebrantable de amor y apoyo? ¿Estás preparado para darte de ti mismo, incluso en circunstancias difíciles, como un amigo leal? Recuerda que Dios es el epítome de cómo es la verdadera amistad. Nos invita a mostrar a los demás el mismo amor que siempre nos ha mostrado. Que nos esforcemos por nutrir y apreciar el favor de la compañía genuina en nuestra existencia.

ESTABLECER UNA BASE FIRME EN CRISTO"

"Por lo tanto, todos los que escuchan estas palabras mías y las ponen en práctica son como un hombre sabio que construyó su casa en la roca". - Mateo 7:24

Es imperativo que desarrollemos una base sólida en Cristo como hombres de fe. Nuestras vidas necesitan una base firme en las enseñanzas de Jesús, un hogar requiere una base sólida. Esto significa escuchar lo que Él tiene que decir, pero también actuar en consecuencia.

Es fácil para nosotros desviarnos de lo recto y estrecho en un mundo lleno de tentaciones y distracción. Pero cuando basamos nuestras vidas en la verdad inquebrantable de la Palabra de Dios, somos lo suficientemente fuertes como para capear las tormentas de la vida. Tenemos la capacidad de tomar decisiones moralmente sólidas que estén en línea con Su deseo.

Tener una base sólida en Cristo también implica pedir su dirección en todas las áreas de nuestras vidas. Sirve como un recordatorio para darle control sobre nuestras propias metas y objetivos para que Él pueda guiarnos. Al hacer esto, nos damos la oportunidad de disfrutar de las muchas bendiciones y sentido de satisfacción que resultan de cumplir con Su Palabra.

Como hombres de fe, comprometámonos a erigir nuestras vidas sobre los cimientos inquebrantables de Jesús. Que podamos poner activamente en práctica Sus enseñanzas, además de solo escucharlas. Al hacer esto, caminaremos de acuerdo con Su voluntad y sentiremos el poder, el conocimiento y el propósito que lo acompañan.

CONFIAR EN LA FIDELIDAD DE DIOS EN LAS RELACIONES

Proverbios 3:5-6 - "Confía en el Señor con todo tu corazón y no te apoyes en tu propio entendimiento; en todos tus caminos, sométete a él, y él enderezará tus caminos".

Ya sea con amigos, familiares o parejas de amor, con frecuencia nos encontramos dependiendo de nuestro propio conocimiento y perspicacia en nuestras interacciones. Intentamos ejercer control sobre la situación y hacer que las cosas salgan como habíamos planeado. Pero la Palabra de Dios sirve como un recordatorio constante de que el éxito genuino de la relación y la alegría solo resultan de la completa confianza en Él.

Confiar demasiado en nuestro propio conocimiento limita nuestras interacciones a nuestros propios puntos de vista, experiencias y prejuicios. El miedo, el resentimiento del pasado o el interés propio pueden influir en nuestras decisiones. Sin embargo, cuando le damos a Dios el control sobre nuestras relaciones, le pedimos que nos guíe en todas nuestras elecciones, interacciones y acciones.

Hay que reconocer que Dios entiende lo que es mejor para nosotros y para nuestras relaciones es el primer paso hacia la confianza en Su fidelidad. Implica ceder nuestros objetivos y aspiraciones a Su tierna dirección. Promete enderezar nuestros caminos mientras confiamos en Él, señalándonos en la dirección de relaciones felices, significativas y que honran a Dios.

Hagamos una pausa ahora y renuévenos nuestro compromiso con Dios en nuestras relaciones. Pongamos nuestra fe en Su confiabilidad y pidamos Su discernimiento y dirección en todo lo que hacemos. Sabiendo que cuando confiamos en Él, podemos lograr una alegría y un éxito genuinos, que nuestras relaciones se caractericen por Su amor, gracia y verdad.

MANEJAR LA DECEPCIÓN CON LA ESPERANZA

Romanos 8:28 - "Y sabemos que en todas las cosas Dios trabaja por el bien de aquellos que lo aman, que han sido llamados de acuerdo con su propósito".

Hay altibajos en la vida, y la decepción es un aspecto no deseado pero necesario de ser humano. Pero la esperanza es un arma maravillosa que los hombres de religión tienen para ayudarnos a lidiar con la decepción. Romanos 8:28 nos dice que incluso ante la adversidad, Dios está constantemente trabajando para nuestro beneficio.

La decepción puede causar resentimiento, irritación e incluso desesperanza. Sin embargo, podemos encontrar esperanza en el conocimiento de que Dios tiene un propósito para todo cuando plantamos firmemente nuestros corazones en la verdad de la Palabra de Dios. Recordando que nuestro Padre celestial es soberano y que todo está trabajando para nuestro máximo beneficio, nos ayudará cuando estemos decepcionados.

Se nos ordena, como hombres de fe, que tengamos fe en el plan de Dios, incluso ante la incertidumbre o la desviación de nuestras expectativas. El conocimiento de que Dios usa nuestras decepciones para moldear, pulir y, finalmente, acercarnos a Sí mismo nos da consuelo.

Por lo tanto, no perdamos la esperanza cuando la decepción llame a nuestra puerta. Más bien, aferrémonos a la garantía que se encuentra en Romanos 8:28, sabiendo que Dios está construyendo obedientemente una narrativa encantadora y redentora en nuestra vida entre bastidores. Que podamos soportar cualquier revés con una confianza inquebrantable en Él y esperanza en Su amabilidad y constancia.

EL PODER DE TUS PALABRAS

Proverbios 18:21 (NVI) - "La lengua tiene el poder de la vida y la muerte, y los que la aman comerán su fruto".

¿Alguna vez has pensado en cómo afectan a los que te rodean? Nuestras palabras tienen un gran poder; pueden destruir e infligir sufrimiento, o pueden proporcionar vida y curación. Proverbios 18:21 afirma que nuestras lenguas tienen la capacidad de dar a luz tanto la vida como la muerte. Este poema sirve como recordatorio de la responsabilidad y el peso que soportamos cuando hablamos.

Nuestras palabras tienen el poder de moldear nuestras relaciones, afectar nuestros propios sentimientos e ideas, e incluso determinar nuestro propio destino. Nuestras palabras tienen el poder de elevar o deprimir a otras personas. ¿Alguna vez has hecho una declaración de la que posteriormente te arrepentiste? Todo el mundo lo ha hecho. Aunque podría ser simple permitir que nuestros sentimientos controlen lo que decimos, como seguidores de Cristo, estamos llamados a un nivel más alto.

Hablar palabras que traen vida refleja el corazón de Dios. Usó palabras para crear el mundo, y quiere que usemos palabras para animar, elevar y dar vida a los demás. Pero es igualmente crítico reconocer la influencia de nuestro lenguaje negativo. Tienen la capacidad de lastimar y crear daños duraderos.

Seamos conscientes del impacto que nuestras palabras pueden tener en otras personas. Decide expresar amor, afirmación, aliento y esperanza a través de tus palabras. Busca la dirección de Dios mientras hablas, dejando que el Espíritu Santo imparta sabiduría y gracia a tus palabras. A medida que lo hagas, verás de primera mano el impacto positivo que tus palabras pueden tener en los demás que te rodean.

CEDIENDO EL CONTROL A DIOS

"Benditos los que confían en el SEÑOR, cuya confianza es el Señor". - Jeremías 17:7

Rendirse a los diseños de Dios para nuestra vida puede ser difícil en una sociedad que valora la independencia y el poder. Con frecuencia nos encontramos estresados, tratando de resolver problemas por nuestra cuenta y esforzándonos. Pero solo cuando renunciamos al control y ponemos nuestra fe en el Señor podemos experimentar una genuina satisfacción y serenidad.

Jeremías nos dice que las bendiciones llegan a aquellos que confían en el Señor. Al poner nuestra fe en Dios, confesamos que Él tiene el control y que Sus propósitos son más altos que los nuestros. Darle nuestras metas, sueños y ansiedades requiere humildad.

Dar nuestras preocupaciones y ansiedades a Dios también implica renunciar al control. Podemos ser liberados del peso de nuestras cargas cuando ponemos nuestra confianza en Su dirección y provisión. Saber que Él está a cargo y siempre nos guiará en la dirección correcta nos da paz.

Elijamos ceder conscientemente la autoridad a Dios hoy. Dejemos toda nuestra fe y confianza en Él, sabiendo que Él es confiable y que mantendrá Su palabra. Podemos disfrutar de Sus beneficios, serenidad y felicidad en nuestra vida mientras nos sometemos a Sus diseños.

SUPERAR LA TENTACIÓN CON LA PALABRA DE DIOS

Versículo de la Biblia: Salmo 119:11 - "He escondido tu palabra en mi corazón para que no pueda pecar contra ti".

Podría ser difícil mantenerse en el camino recto y tomar decisiones que glorifiquen a Dios en un mundo lleno de distracciones y tentaciones. Sin embargo, no tenemos que luchar contra estas tentaciones por nuestra cuenta. Dios amablemente nos ha proporcionado Su Palabra para guiarnos y protegernos.

El salmista reconoció la eficacia de la Palabra de Dios para evitar la tentación. Se dio cuenta de que era crucial interiorizar la Palabra de Dios en lugar de solo leerla. Conocer la Palabra de Dios solo académicamente es insuficiente; también necesitamos absorberla y dejar que cambie nuestros pensamientos y sentimientos.

Podemos confiar en la verdad proporcionada en la Palabra de Dios cuando estamos tentados. Sus garantías, directivas y advertencias funcionan como una guía a través de los obstáculos y encantos a los que nos enfrentamos. La memorización y la meditación de las Escrituras nos proporcionan el poder de superar la tentación y tomar decisiones informadas.

Además, la Biblia nos da ejemplos de personas que se resistieron a la tentación. Sus experiencias nos dan ideas perspicaces y nos motivan a imitarlas. Podemos encontrar apoyo, vigor y dirección en la Palabra de Dios para resistir la tentación y llevar vidas que lo glorifican.

Comprometámonos a mantener la Palabra de Dios oculta en nuestros corazones, a conocerla bien y a confiar en su sabiduría y verdad para ayudarnos a resistir la tentación. Su Palabra se convierte en un escudo a medida que la arraigada en nuestra conciencia, guiándonos lejos de los peligros del pecado y hacia una vida que agrada a Dios.

LLEVAR UNA VIDA CON PROPÓSITO

Proverbios 3:6 - "En todos tus caminos, reconócelo, y él enderezará tus caminos".

Los hombres se preguntan con frecuencia cuál es el propósito de su vida. Hacemos un esfuerzo por dar un buen ejemplo a los demás que nos rodean y liderar con el ejemplo. Sin embargo, hay momentos en los que nos desorientamos y nos sentimos abrumados por las opciones y obligaciones que tenemos ante nosotros.

Proverbios 3:6 nos recuerda que alabar a Dios en todo lo que hacemos es esencial para vivir una vida con sentido. Se compromete a enderezar nuestros caminos cuando le pedimos su consejo y perspicacia. Esto implica que Él nos guiará por el camino correcto hacia nuestro propósito real a medida que alineamos nuestras vidas con Su voluntad y le damos control sobre nuestros objetivos.

Reconocer a Dios en todo lo que hacemos es ser humildes y abiertos a recibir. Implica buscar Su voluntad antes de decidir, hablar con Él en oración y permitirle guiar nuestros corazones. Al hacer esto, podemos poner nuestra confianza en Él para guiarnos hacia una existencia significativa e impactante.

Comprometámonos a agradecer a Dios en todos los aspectos de nuestras vidas a partir de hoy. Pidámosle dirección y démosle el control sobre nuestros planes. Como lo hacemos, podemos tener fe en que Él nos guiará hacia vivir una vida que le sirva y recompense nuestros esfuerzos por hacer el bien.

SUPERAR EL MIEDO CON LA FUERZA DE DIOS

"Porque Dios no nos ha dado un espíritu de miedo, sino de poder, de amor y de una mente sana". - 2 Timoteo 1:7

Todo el mundo experimenta miedo en algún momento de su vida. Nuestros miedos pueden impedirnos vivir la vida plena que Dios ha planeado para nosotros, ya sean temores de éxito, rechazo o lo desconocido. Sin embargo, no estamos llamados a vivir con temor como hombres de fe.

Dios no nos ha dado un espíritu de miedo, sino de poder, amor y sana mente, como nos recuerda 2

Timoteo 1:7. La fuerza de Dios está disponible para nosotros, por lo que podemos vencer cualquier miedo que pueda surgir.

Podemos acceder a un reservorio de fuerza que supera cualquier miedo que podamos encontrar cuando confiamos en el poder de Dios. El miedo ya no es capaz de controlarnos cuando entendemos genuinamente el amor inmutable de Dios por nosotros. Y podemos enfrentarnos a todas las circunstancias con confianza e inteligencia porque Dios nos ha dado buenas mentes.

Tengamos en cuenta hoy que el miedo no tiene lugar en nuestras vidas. Miremos a Dios en tiempos de miedo y encontremos fuerza en Su poder, amor y mente sana. Con Dios a nuestro lado, podemos vencer cualquier miedo que intente impedirnos avanzar y perseguir con confianza los objetivos y planes que Él tiene para nosotros.

DESCANSANDO EN LA PRESENCIA DE DIOS

Versículo de la Biblia: Salmo 46:10 - "Esté quieto y sabe que yo soy Dios".

Es fácil pasar por alto el valor de tomarse un descanso y pasar tiempo en la presencia de Dios en medio del ajetreo y el bullicio de la vida. Las distracciones, obligaciones y dificultades abundan en nuestras vidas, a veces dejándonos agotados y agotados. Pero Dios nos invita a reservar tiempo a propósito para estar quietos y reconocer Su divinidad.

Damos nuestras preocupaciones y ansiedades a las hábiles manos de Dios cuando nos acuéstanos en

Su presencia. Admitimos que Él está a cargo y que nosotros no. Se nos recuerda la fuerza, la fidelidad y el amor inquiero de Dios por nosotros en medio del silencio.

La perspectiva es otro beneficio de descansar en la presencia de Dios. Nos permite realinearnos con Su voluntad y volver a poner nuestra atención en lo que realmente importa. Permitimos que nuestros corazones estén abiertos a recibir Su dirección, consuelo y serenidad cuando reservamos tiempo para estar quietos ante Él.

Trabajamos intencionalmente para crear momentos de silencio en nuestras vidas de hoy. Tomemos un momento para detenernos y relajarnos en la presencia de Dios entre nuestros agitados horarios. Dale permiso para elevar nuestras almas, renovar nuestros espíritus y profundizar nuestra fe. Al tener en cuenta que Él es Dios y que Él está a cargo, que podamos encontrar consuelo y tranquilidad.

LA BENDICIÓN DE LA MISERICORDIA DE DIOS

El Salmo 103:11 en la Biblia dice: "Porque tan alto como los cielos están sobre la tierra, tan grande es su misericordia hacia aquellos que le temen".

Todos somos falibles y no estamos a la altura de los estándares ideales de Dios en la vida. Con frecuencia nos encontramos necesitados de Su perdón y amabilidad. Pero lo bueno es que podemos acceder fácilmente a la bondad de Dios. Es un regalo que se proporciona libremente; no necesitamos ganarlo ni merecerlo.

A los hombres a veces les resulta difícil reconocer sus deficiencias y pedir ayuda. Pero entramos en un reino de recompensas cuando nos humillamos ante el Señor y confesamos nuestra necesidad de Su compasión.

Nos liberamos de la vergüenza y la culpa cuando aceptamos la bondad de Dios. Se nos ofrece la oportunidad de caminar en el perdón de Dios y un nuevo comienzo. Estamos capacitados para mostrar gracia, perdonar a los demás e irradiar Su amor a los que nos rodean por Su misericordia.

Regocijémonos en la bondad de Dios hoy. Que vengamos a Él con humildad, confesando nuestras transgresiones y confiando solo en Su gracia. Recuerda que Su misericordia es ilimitada en el amor y nos extiende la oportunidad de comenzar de nuevo, independientemente de nuestras transgresiones.

Piensa un poco en esta escritura y luego pídele al Señor que te muestre Su bondad en tu vida. Enréjate a Su perdón, y Él sanará tu corazón y te convertirá en el hombre que Él te creó para ser. En tu camino de fe, sé abierto a las increíbles recompensas que resultan de aceptar la bondad de Dios.

FORTIFICAR LA FE EN TIEMPOS DIFÍCILES

"Así que fijamos nuestros ojos no en lo que se ve, sino en lo que no se ve, ya que lo que se ve es temporal, pero lo que no se ve es eterno". - 2 Corintios 4:18

Con frecuencia nos encontramos con circunstancias difíciles y difíciles en la vida, lo que puede hacer que perdamos la fe y nos sintamos impotentes. Pero incluso ante la adversidad, es nuestro deber como cristianos fortalecer nuestra confianza en Dios. El secreto es cambiar nuestro punto de vista de lo visible a lo invisible.

Es normal concentrarnos en nuestra situación actual y en cualquier sufrimiento por el que podamos estar pasando cuando las cosas son desagradables. Sin embargo, este pasaje sirve como recordatorio de que, aunque las cosas que podemos ver son fugaces, las cosas que no se ven y son eternas son más importantes.

Centrarnos en lo invisible nos permite poner nuestra fe y esperanza en el amor duradero y las promesas incumplidas de Dios. La adversidad es el lugar donde nuestra fe se pone a prueba y se fortalece. Se nos recuerda que no debemos confiar solo en nuestra propia fuerza, sino también en la confianza de Dios.

Recuerda que se supone que la adversidad debe convertirnos en mejores personas, no para destruirnos. Nuestra confianza en Dios se vuelve inquebrantable a medida que confiamos en Su constancia y Su soberanía. Fortalezcamos nuestra confianza hoy en el conocimiento de que Dios siempre está a nuestro lado y está trabajando todo para nuestro beneficio, incluso cuando las circunstancias son difíciles.

DESARROLLAR UN CORAZÓN DE COMPASIÓN

Efesios 4:32 - "Sed amables y compasivos los unos con los otros, perdonándonos unos a otros, así como en Cristo Dios os perdonó".

En una sociedad que prioriza el logro, la prosperidad y el interés propio, es fácil subestimar la importancia de cultivar la empatía. Sin embargo, estamos obligados a emular la compasión y el amor de Cristo por los demás como Sus discípulos.

Más que simplemente tener simpatía por alguien, la compasión es una reacción empática que tiene como objetivo aliviar su dolor. Nuestros corazones se vuelven receptivos a las necesidades y desafíos de los demás que nos rodean a medida que cultivamos la compasión. Exige que dejemos de lado las necesidades y deseos de otras personas para priorizar su bienestar.

Primero debemos reconocer el alcance de la preocupación de Dios por nosotros antes de que podamos comenzar a hacer crecer un corazón compasivo. Considera la gracia y el perdón que Él te ha otorgado a través de Cristo. Entonces podemos proporcionar compasión a los demás debido a esta abundancia de amor y gracia.

Hoy vamos a tratar a todos los que entremos en contacto con amor y compasión hoy. Pase algún tiempo entendiendo, apoyando y escuchando a las personas que tienen dolor. Además de tener una influencia en la vida de otras personas, cuando emulamos la compasión de Cristo, también abrimos la puerta para que Dios nos use como un vehículo para el cambio y la curación.

ABRAZANDO EL AMOR INCONDICIONAL DE DIOS EN LA DIVERSIDAD

"Aceptos unos a otros, entonces, así como Cristo os aceptó, para alabar a Dios". - Romanos 15:7

El amor de Dios nos brinda una maravillosa oportunidad de aceptar la variedad y crear puentes de unión en un mundo donde las diferencias con frecuencia nos hacen separarnos. Es vital para nosotros comprendernos y aceptarnos unos a otros como hombres de fe, tal como Cristo nos ha recibido.

Mirando a nuestro alrededor, vemos un mosaico de personas distintas, cada una con sus propias narrativas, historias y encuentros en la vida. El amor de Dios es ilimitado y no se ve afectado por nuestras diferencias. Él nos exhorta a amar sin condiciones y a imitarlo.

Al mostrar aceptación a los demás, honramos a Dios y mostramos al mundo cuánto nos ama. Nuestra variedad nos une de una manera que demuestra ampliamente su capacidad de transformación.

Es un desafío para los hombres de fe ver las ideas preconcebidas y los prejuicios del pasado y reconocer el valor y el valor intrínseco de cada persona en una cultura que con frecuencia promueve la división. Deberíamos hacer un esfuerzo para dar la bienvenida, apreciar y aceptar la variedad que existe a nuestro alrededor, ya que el amor de Dios es más evidente cuando se trata de nuestras diferencias.

PONER TU CONFIANZA EN EL PLAN DE CARRERA DE DIOS

Proverbios 3:5-6 (NVI)
"Confía en el Señor con todo tu corazón y no te apoyes en tu propio entendimiento; en todos tus caminos, sométete a él, y él enderezará tus caminos".

En el mundo vertiginoso y despiadado de hoy en día, preocuparse por nuestros objetivos y profesiones futuras es algo común. En un intento por tomar las mejores decisiones que conducirían al éxito y la satisfacción, podríamos descubrir que continuamente desafiamos y adquirimos comprensión de nosotros mismos. Pero la Palabra de Dios presenta otro punto de vista. Nos inspira a poner toda nuestra fe en Él y ceder nuestra propia comprensión y metas a Su dirección.

Hay que reconocer que Dios está más familiarizado con nosotros de lo que estamos requiere que confiemos en Él con nuestros trabajos. Él es consciente de nuestras necesidades, deficiencias y talentos. Le pedimos que dirija nuestros pasos y haga coincidir nuestros caminos con Su voluntad perfecta cuando le demos nuestros planes.

Este pasaje sirve como recordatorio de que Dios se preocupa por todas nuestras actividades cotidianas, incluidas nuestras ocupaciones, además de nuestra vida espiritual. Permitimos que Dios nos revele Su propósito divino cuando confiamos plenamente en Él y dejamos de lado nuestro propio entendimiento. Nos asegura que enderezará nuestras rutas y nos llevará a las mayores conexiones, crecimiento y oportunidad.

La fe y la sumisión son necesarias cuando ponemos nuestra confianza en el plan profesional de Dios. Implica pedir su dirección en la oración y el sabio consejo de modelos a seguir piadosos. También implica permanecer receptivos a Su guía, incluso cuando nos obliga a salir de nuestras zonas de confort.

EL PODER DE LA ORACIÓN INCESANTE

"Regocíjate en la esperanza; sé paciente en la aflicción; sé persistente en la oración". - Romanos 12:12

No estamos familiarizados con el poder de la oración como hombres de fe. Podemos comunicarnos directamente con Dios a través de la oración, pidiendo Su sabiduría, fuerza y dirección en todas las áreas de la vida. Sin embargo, ¿con qué frecuencia aceptamos realmente la efectividad de la oración constante?

Se nos insta a orar constantemente en Romanos 12:12. Esto implica buscar persistentemente la presencia de Dios en momentos felices y esperanzadores, así como en momentos difíciles. A través de la oración, podemos permanecer en estrecho contacto con Dios y permitirle realizar un trabajo poderoso en nuestras vidas.

Los hombres se enfrentan a las dificultades, las tentaciones y los problemas a diario. Ahí es cuando la oración persistente se convierte en nuestra herramienta más poderosa. Al mantener nuestros corazones en línea con el deseo de Dios, la oración fortifica nuestra determinación de resistir la tentación y tomar decisiones moralmente sólidas.

Comprometámonos a la oración constante y tomemos este versículo en serio. Desarrollemos una forma de vida en oración, una que se regocije en la esperanza, soporte el sufrimiento con paciencia y nunca renuncie a buscar la presencia de Dios. Podemos acceder al poder ilimitado de nuestro Padre celestial y ser testigos de Su acción que cambia la vida a través de la oración persistente.

ENCONTRAR SATISFACCIÓN EN LA PROVIDENCIA DE DIOS

"Confía en el Señor con todo tu corazón, y no te apoyes en tu propio entendimiento. En todos tus caminos, reconócelo, y él enderezará tus caminos".
- Proverbios 3:5-6 (ESV)

Es fácil caer en la trampa de buscar pertenencias materiales para la realización en una cultura donde el placer rápido y la persecución persistente de ellos son la norma. Debido a que creemos que lograr el éxito, el dinero y la fama nos haría realmonte felices, los anhelamos. Pero solo en la providencia de Dios se puede encontrar una satisfacción genuina.

La provisión reflexiva y amorosa que Dios hace para cada parte de nuestra vida se conoce como providencia. Incluye Su dirección, defensa y suministro. Su diseño ideal para nosotros puede satisfacernos cuando ponemos nuestra fe en Él y lo reconocemos en todo.

Se necesita un cambio de perspectiva para encontrar satisfacción en la providencia de Dios. Tenemos que confiar en el conocimiento de Dios y dejar ir nuestra propia comprensión. Esto implica someter nuestros objetivos e intenciones a Su voluntad, incluso cuando difiere de la nuestra.

Podemos vivir en paz sabiendo que Dios está uniendo todo para nuestro beneficio cuando ponemos nuestra fe en Su providencia. Incluso cuando su tiempo y sus formas no coinciden con nuestras propias expectativas, todavía podemos encontrar la felicidad en ellos. Podemos lograr una satisfacción genuina confiando en Él, superando las delicias fugaces de esta vida, y descansar en Su provisión.

Por lo tanto, busquemos siempre la providencia de Dios en nuestras vidas. Con total confianza en que Él es confiable y enderezará nuestros caminos, ponemos toda nuestra confianza en Él. Que Su diseño ideal nos traiga verdadera felicidad, y que Su suministro llene nuestros corazones a la desbordante acción de gracias y satisfacción.

VIVIR CON LA CONFIANZA DE DIOS

"Confía en el Señor con todo tu corazón, y no te apoyes en tu propio entendimiento. En todos tus caminos, reconócelo, y él enderezará tus caminos".
- Proverbios 3:5-6

Es fácil cansarse de la fe en Dios en este mundo incierto y difícil. Podríamos dudar de sus intenciones o preguntarnos por qué ocurren eventos específicos en nuestras vidas. Pero como cristianos, se espera que vivamos con la confianza de Dios en el centro de nuestro ser.

Renunciar a nuestro propio entendimiento es un requisito previo para confiar en el Señor. Implica admitir que Él tiene un mejor plan para nuestra vida que nosotros y que Sus métodos son más altos que los nuestros. Saber que nuestro Padre Celestial tiene el control puede traernos paz incluso en situaciones que parecen abrumadoras.

Buscar el consejo de Dios en todas las áreas de nuestras vidas es una señal de que estamos viviendo en Su confianza. Implica incorporarlo en el proceso de tomar decisiones y dejar que Su discernimiento influya en nuestras decisiones. Podemos esperar que Él enderece nuestros caminos cuando lo reconozcamos en todas nuestras acciones. Él nos guiará hacia Su plan para nuestra vida guiando y dirigiendo nuestros pasos.

Tomemos la decisión de basar nuestras vidas en la confianza de Dios hoy. Pongamos toda nuestra confianza en Él y dejemos ir nuestras preocupaciones y ansiedades. Que el conocimiento de que Él es digno de confianza y de que Sus intenciones para nosotros son buenas nos consuele. Nuestra confianza, alegría y una existencia significativa en Su presencia vendrán de confiar en el Señor.

EL SIGNIFICADO DE TENER UN CORAZÓN AGRADECIDO

1 Tesalonicenses 5:18 - "Da gracias en todas las circunstancias; porque esta es la voluntad de Dios para ti en Cristo Jesús".

Es fácil sentirse abrumado y perder de vista las bendiciones que nos rodean en el mundo acelerado y caótico de hoy. Pero incluso en medio de la agitación, es nuestro deber como hombres de religión estar agradecidos. Estar agradecido es más que solo decir "gracias" cuando las cosas van bien; también implica buscar oportunidades para expresar gratitud en cada situación.

Tener gratitud en nuestros corazones nos hace darnos cuenta de los dones que con frecuencia damos por sentado. Nos recuerda la fidelidad y la provisión de Dios, lo que nos trae serenidad y satisfacción. Tener gratitud en nuestros corazones nos ayuda a mantener la calma durante los tiempos caóticos...

Recuerde que incluso en las circunstancias más difíciles, hay beneficios que se encuentran. Un corazón agradecido es poderoso porque siempre puede servir como un recordatorio de la bondad y la presencia de Dios. Por lo tanto, practiquemos la expresión diaria de aprecio desde el corazón, ya que trae la serenidad de Dios a nuestra vida y nos ayuda a alinearnos con Su plan.

Reflexiona: Piensa un poco en la semana anterior. ¿Hay algún evento o circunstancia por la que tengas la opción de expresar gratitud? ¿Cómo aprendes a estar agradecido a pesar de la locura de tu vida cotidiana?

Haz un esfuerzo consciente para localizar cinco cosas por las que estás agradecido hoy. Ponlos por escrito y da gracias a Dios por cada uno. Al hacer esto, abres tu corazón para recibir la serenidad y la tranquilidad de Dios, incluso en medio del caos.

FUERZA RENOVADA: ENCONTRAR INSPIRACIÓN DIARIA EN LA PALABRA DE DIOS

Isaías 40:31 - "Pero aquellos que esperan en el Señor renovarán su fuerza. Se elevarán en alas como águilas; correrán y no se cansarán; caminarán y no se desmayarán".

La vida con frecuencia socava nuestra vitalidad y nos deja agotados y agotados. Es posible que no tengamos la energía para continuar debido a las presiones de nuestros trabajos, relaciones u otros compromisos. La Palabra de Dios puede proporcionarnos consuelo y rejuvenecimiento durante estos tiempos.

Isaías 40:31 sirve como recordatorio de que el Señor repondrá nuestras fuerzas cuando pongamos nuestra fe y confianza en Él. Dios puede darnos la fuerza y la resistencia para terminar nuestra carrera sin cansarnos y para enfrentar los obstáculos de la vida de frente, al igual que un águila se eleva sobre los cielos.

Establezca la práctica de pasar tiempo en la Palabra de Dios cada día para recibir inspiración y fuerza renovadas. Tu espíritu será renovado por sus lecciones y promesas, y tendrás la fuerza para manejar cualquier circunstancia. Enéñate a las palabras alentadoras y esperanzadoras del Espíritu Santo.

Por lo tanto, ten en cuenta que Dios es la fuente de nueva fuerza, sin importar por lo que estés pasando hoy. Ven a Él, pon tu fe en Sus promesas y saque aliento de Su Palabra. Entonces tendrás el entusiasmo y el vigor para enfrentar los obstáculos de la vida y vivir en Su abundante gracia.

RESTAURANDO LA MENTE: CONSTRUYENDO FUERZA EN LA PALABRA DE DIOS

Salmo 119:28, el salmista declara: "Mi alma está cansada de dolor; fortaléceme de acuerdo con tu palabra".

Las distracciones, disputas y demandas abundan en nuestro entorno, lo que debilita rápidamente nuestra determinación y desgasta nuestros pensamientos. Es imperativo que, como hombres de fe, usemos el poder de la Palabra de Dios para fortalecer y reparar nuestros cerebros.

Debemos reservar conscientemente tiempo cada día para leer y concentrarnos en las Escrituras si queremos reconstruir nuestros cerebros y fortalecer nuestra fe en la Palabra de Dios. Al hacer esto, comenzamos a alinear nuestro pensamiento con las realidades de Dios, lo que nos ayuda a obtener perspectiva y descubrir una nueva inspiración para las dificultades que encontramos.

Hacemos una pausa para considerar cómo te sientes mentalmente. ¿Te sientes agotado y sobrecargado? Piensa en hacer de la lectura y reflexionar sobre la Palabra de Dios un hábito habitual. Deja que Sus lecciones y promesas dirijan tus pensamientos. Tenga en cuenta que descubrirá la esperanza restaurada, la serenidad y la base sólida sobre la que construir su vida a medida que se fortalece en la Palabra de Dios.

FORTALECER LOS MATRIMONIOS A TRAVÉS DEL AMOR DE DIOS

Isaías 40:31, "Pero aquellos que esperan en el Señor renovarán su fuerza. Se elevarán en alas como águilas; correrán y no se cansarán, caminarán y no se desmayarán".

Los hombres a menudo tienen muchas obligaciones y obstáculos en su vida. Las demandas en el trabajo y las obligaciones con la familia pueden dejar rápidamente que uno se sienta agotado y estresado. Sin embargo, la Palabra de Dios es una tremenda fuente de inspiración y poder disponible para nosotros como seguidores de Cristo.

A través de la lectura constante de la Palabra de Dios y la reflexión sobre Sus promesas, podemos ser regenerados, alentados y guiados. Lo importante es interactuar regularmente con la Palabra de Dios, ya sea que eso signifique memorizar pasajes, leer un capítulo de la Biblia todos los días o unirse a un grupo de estudio de la Biblia.

Nuestros matrimonios pueden ser revolucionados mientras miramos a la Palabra de Dios en busca de guía y apoyo. A través de la aplicación de valores cristianos como el desinterés, el perdón y el amor, podemos experimentar plenamente el amor de Dios y fortalecer nuestros matrimonios.

Comprometámonos a poner a Dios en primer lugar y confiar en su guía y fuerza todos los días. Podemos obtener la motivación y la dirección que necesitamos para fomentar el amor, la confianza y el respeto en nuestros matrimonios de Su Palabra. Que nuestras uniones sirvan como ejemplo del amor de Dios y de Su gloria para el resto del mundo.

DESARROLLANDO EL CARÁCTER DIVINO EN TUS HIJOS

El Salmo 119:105 nos dice: "Tu palabra es una lámpara para mis pies y una luz para mi camino".

Todos experimentamos fatiga y cansancio cuando nos enfrentamos a obstáculos en la vida. Podríamos preguntarnos si nuestros esfuerzos valen la pena y cuál es nuestro objetivo. Cuando nos sentimos cansados, podemos ir a la Palabra de Dios en busca de inspiración y nueva fuerza.

Es vital para nosotros valorar pasar tiempo en la Palabra de Dios como hombres de fe. La Biblia está llena de historias de personas comunes que mostraron una gran fe. Al verlos, podemos desarrollar la comprensión de cómo Dios puede actuar en nosotros y a través de nosotros.

Cualquiera que sea nuestra situación, hay claridad y propósito cuando vivimos de acuerdo con la Palabra de Dios. Las Escrituras nos proporcionan la valentía y la fortaleza que necesitamos para mantener firmemente nuestra fe.

Piensa por un momento en la frecuencia con la que interactúas con la Palabra de Dios. ¿Programas el tiempo diario de lectura y meditación sobre Su verdad? ¿Dejas que Su Palabra guíe tus decisiones, pensamientos y adres?

Decide dar la máxima prioridad a la Palabra de Dios en tu vida. Asigne un período de tiempo dedicado todos los días para leer una sección o estudiar un determinado libro de la Biblia. Pídele a Dios que te fortalezca y te dé la confianza y el discernimiento para mantener firmemente tu fe mientras pasas tiempo en Su Palabra.

Nunca olvidemos que la Biblia es nuestra fuente de fuerza e inspiración. Que nos guíe en la vida y nos dé el coraje para mantener nuestras convicciones, incluso frente a la adversidad.

EL CORAJE DE DEFENDER TU FE

El Salmo 119:105 nos dice: "Tu palabra es una lámpara para mis pies y una luz para mi camino".

Todos experimentamos fatiga y cansancio cuando nos enfrentamos a obstáculos en la vida. Podríamos preguntarnos si nuestros esfuerzos valen la pena y cuál es nuestro objetivo. Cuando nos sentimos cansados, podemos ir a la Palabra de Dios en busca de inspiración y nueva fuerza.

Es vital para nosotros valorar pasar tiempo en la Palabra de Dios como hombres de fe. La Biblia está llena de historias de personas comunes que mostraron una gran fe. Al verlos, podemos desarrollar la comprensión de cómo Dios puede actuar en nosotros y a través de nosotros.

Cualquiera que sea nuestra situación, hay claridad y propósito cuando vivimos de acuerdo con la Palabra de Dios. Las Escrituras nos proporcionan la valentía y la fortaleza que necesitamos para mantener firmemente nuestra fe.

Piensa por un momento en la frecuencia con la que interactúas con la Palabra de Dios. ¿Programas el tiempo diario de lectura y meditación sobre Su verdad? ¿Dejas que Su Palabra guíe tus decisiones, pensamientos y adres?

Decide dar la máxima prioridad a la Palabra de Dios en tu vida. Asigne un período de tiempo dedicado todos los días para leer una sección o estudiar un determinado libro de la Biblia. Pídele a Dios que te fortalezca y te dé la confianza y el discernimiento para mantener firmemente tu fe mientras pasas tiempo en Su Palabra.

Nunca olvidemos que la Biblia es nuestra fuente de fuerza e inspiración. Que nos guíe en la vida y nos dé el coraje para mantener nuestras convicciones, incluso frente a la adversidad.

RENDIRSE A LA SABIDURÍA DE DIOS

.” Confía en el SEÑOR con todo tu corazón, y no te apoyes en tu propio entendimiento”. - Proverbios 3:5

La vida inevitablemente incluirá el cambio. Las circunstancias y los eventos están sujetos a cambios y evolución, al igual que las estaciones. El cambio puede parecer ocasionalmente inquietante, aterrador y abrumador. Es en estos momentos donde debemos poner toda nuestra fe en Dios.

En todo su conocimiento, Dios es consciente de cada giro que nos espera. Mira más allá de los límites de nuestra comprensión y comprende el esquema más amplio de las cosas. Al poner nuestra fe en Él, damos nuestras preocupaciones y ansiedades a Su cuidado capaz.

Es necesario que renunciamos a nuestra dependencia de nuestro propio entendimiento para confiar plenamente en Dios. Implica darse cuenta de que Él tiene todas las respuestas y nosotros no. Sirve como un recordatorio continuo de que Dios está guiando fielmente nuestros pies, especialmente en situaciones en las que la ruta por delante parece incierta.

Confiemos en la estabilidad del carácter y las promesas de Dios a lo largo de estos tiempos de cambio. Que el conocimiento de que Él es nuestro compañero constante y que nos está guiando hacia Su plan perfecto nos dé consuelo mientras navegamos por estas aguas inexploradas. Podemos enfrentarnos al cambio con valentía y confianza si tenemos una confianza firme en Él, sabiendo que Él está a cargo.

MIEDO A LOS FUTUROS

No se preocupe por nada, pero en cada situación, mediante oración y petición, con acción de gracias, presente sus peticiones a Dios". - Filipenses 4:6

El miedo, especialmente cuando se centra en el futuro, a menudo puede paralizarnos e impedirnos vivir una vida plena. Es natural tener preocupaciones e incertidumbres sobre lo que nos espera, pero como hombres de fe, estamos llamados a entregar esos miedos a Dios.

En la Biblia, se nos recuerda repetidamente que no debemos estar ansiosos, y este versículo de

Filipenses nos recuerda que tenemos un Dios amoroso y cariñoso que siempre está listo para escuchar nuestras preocupaciones. En lugar de permitir que el miedo nos consuma, se nos anima a recurrir a la oración y presentar nuestras peticiones, preocupaciones y deseos a Dios.

Rendir nuestros temores sobre el futuro es un acto de fe y confianza en el plan de Dios para nuestras vidas. Es una declaración de que creemos en Su bondad, sabiduría y soberanía. A medida que liberamos nuestras preocupaciones y las ponemos en las manos de Dios, podemos experimentar una profunda sensación de paz y seguridad.

Recordemos que renunciar a nuestros miedos no es un evento de una sola vez, sino un proceso continuo. Requiere rendirnos a diario y confiar nuestras vidas y nuestro futuro al cuidado amoroso de Dios. Al hacerlo, podemos vivir con confianza, sabiendo que Él nos guiará y proveerá en cada paso del camino.

LA FUERZA DEL CONSUELO DE DIOS

"Él da poder a los débiles y fuerza a los impotentes". - Isaías 40:29 (NLT)

¿Dónde podemos obtener fuerza cuando estamos débiles? La presencia consoladora de Dios contiene la solución. Las dificultades a las que nos enfrentamos en la vida podrían hacernos sentir agotados, sobrecargados e incapaces de manejar las dificultades que nos esperan. Sin embargo, Dios promete dar fuerza a la gente débil y poder a la gente indefensa.

Esta frase sirve como recordatorio de que el poder genuino proviene solo de Dios. Como hombres, con frecuencia intentamos depender de nuestra propia fuerza y capacidad para superar los desafíos. Él es la fuente de fuerza y consuelo sin límites, listo para darnos confianza cuando nos sentimos indignos e indefensos.

Dios nos insta a venir a Él en oración durante nuestras pruebas. Podemos comunicarnos con el Creador Todopoderoso a través de la oración, y Él siempre está dispuesto a escuchar de nosotros y darnos la fuerza que necesitamos. Se compromete a darnos la fuerza para soportar, la valentía para enfrentar las dificultades y el discernimiento para superar tiempos difíciles.

Que nunca olvidemos que no estamos solos cuando nos sentimos indefensos. La presencia consoladora de Dios está a nuestro alrededor, proporcionándonos la fuerza diaria que necesitamos. Confiemos en Él, pongamos nuestra fe en Su palabra y dejemos que Su poder nos vea a través de todos los obstáculos de la vida.

SUPERAR LA COMPARACIÓN A TRAVÉS DE LA AFIRMACIÓN DE DIOS

"¿Porque ahora estoy buscando la aprobación del hombre o de Dios? ¿O estoy tratando de complacer al hombre? Si todavía estuviera tratando de complacer al hombre, no sería un siervo de Cristo". - Gálatas 1:10 (ESV)

Es vital para nosotros, como hombres, buscar la afirmación de Dios en lugar de la aceptación de otras personas en una cultura que a menudo nos tienta a compararnos con los demás. El apóstol Pablo nos recuerda este hecho en su epístola a los Gálatas.

Podríamos mirar a los que nos rodean en busca de aprobación y reconocimiento cuando nos dejemos quedar atrapados en la trampa de compararnos con los demás. Paul, sin embargo, nos pide que consideremos nuestras motivaciones: ¿Estamos tratando de apaciguar a Dios o al público? ¿Estamos tratando de obtener la aceptación y aprobación de otras personas para satisfacernos a nosotros mismos?

Servir al hombre ya no constituye servir a Cristo. Dios nos invita a vivir no por la aceptación o el reconocimiento de otras personas, sino por Su gloria. Solo él es la fuente de nuestra identidad y valor; las ideas de otras personas no lo son.

Para superar la comparación, debemos cambiar nuestra perspectiva y recurrir a Dios para su validación. Él nos recuerda nuestro valor y propósito en Él, afirmándonos como Sus preciados hijos. Podemos ser liberados de la esclavitud de la comparación y vivir como seguidores de Cristo centrándonos en la afirmación de Dios en lugar de en la alabanza efímera de las personas.

LA BENDICIÓN DE LA ALEGRÍA DE DIOS EN LAS PRUEBAS

"El Señor mismo va delante de ti y estará contigo; nunca te dejará ni te abandonará. No tengas miedo; no te desanimes". - Deuteronomio 31:8 (NVI)

Siempre habrá dificultades y obstáculos en la vida que debemos superar. Si bien algunos desafíos pueden parecer abrumadores, otros pueden ser menores. Sin embargo, debido a que somos hombres de fe, podemos encontrar consuelo al saber que Dios es feliz a pesar de todas nuestras dificultades.

La escritura anterior sirve como recordatorio de que el Señor va delante de nosotros, guiándonos y sentando las bases para nuestro futuro. Se compromete a caminar con nosotros en todo momento, sin abandonarnos nunca. Esta fuerte tranquilidad debería darnos el coraje de superar cada obstáculo que encontremos.

El miedo y la desesperación provocados por las pruebas podrían hacernos dudar de la existencia de Dios y de nuestros propios talentos. Pero la Biblia nos instruye para poner nuestra confianza en Dios y no estar aterrorizados. Él es nuestra fuente siempre presente de perspicacia, consuelo y fuerza.

El conocimiento de que estos desafíos pueden construir nuestro carácter, aumentar nuestra fe y acercarnos a Dios es el beneficio del deleite de Dios en las tribulaciones. Le dan a Dios la oportunidad de mostrarnos lo fuerte y confiable que es en nuestra vida.

A la luz del hecho de que el Señor siempre está con nosotros, guiando, protegiendo y amándonos, enfrentemos los desafíos con valentía y gratitud. Que Su deleite nos mantenga atravesando todas las dificultades y nos recuerde que nunca estamos solos.

DESARROLLANDO UN CORAZÓN DE GENEROSIDAD

"Porque donde está tu tesoro, allí también estará tu corazón". - Mateo 6:21 (NVI)

Saber dónde está nuestro verdadero valor es esencial para cultivar un corazón generoso. Es vital para nosotros tener en cuenta la perspectiva eterna que Dios nos pide que adoptemos en una sociedad que nos tienta continuamente con bienes mundanos y éxito financiero.

El pasaje de Mateo sirve como un recordatorio útil de que las cosas que más valoramos en la vida son las que atraen a nuestros corazones. La codicia, el egoísmo y la búsqueda interminable de más mantendrán a nuestros corazones prisioneros si nuestro objetivo principal es acumular dinero en efectivo y pertenencias para nuestro propio beneficio.

Por otro lado, nuestros corazones se desbordarán de amor, compasión y el deseo de beneficiar a los demás si nuestra riqueza está anclada en el reino de Dios. Un corazón generoso busca oportunidades para dar nuestro tiempo, dinero y habilidades a otros necesitados, viendo más allá del interés propio.

Un cambio de prioridades y un fortalecimiento de nuestra relación con Dios son necesarios para cultivar un corazón generoso. A medida que nos damos cuenta de que invertir en lo eterno en lugar de en lo transitorio trae verdadera alegría y propósito, comenzamos a hacer coincidir nuestros objetivos con los suyos.

Al perseguir conscientemente la voluntad de Dios y adoptar un estilo de vida generoso, cambiamos nuestros corazones para parecernos más a Él. Tomamos un papel activo en la promoción de Su reino y disfrutamos de la felicidad que proviene de dar sin esperar nada a cambio. Hagamos un esfuerzo para desarrollar un corazón que ofrezca generosamente a la gente el amor de Dios y aprecie lo que Dios valora.

CONFIAR EN EL PLAN DE DIOS EN TIEMPOS DE ESPERA

"Pero los que esperan al Señor renovarán sus fuerzas; se levantarán con alas como águilas; correrán y no se cansarán; caminarán y no se desmayarán". - Isaías 40:31 (ESV)

Esperar puede hacer que sea difícil confiar en el plan de Dios. Con frecuencia queremos que nuestras oraciones sean contestadas y resueltas de inmediato. Pero el tiempo de Dios no siempre coincide con el nuestro. El profeta Isaías nos recuerda la importancia de esperar al Señor en este pasaje.

Esperar en el Señor es poner nuestra fe y confianza en Él y esperar su dirección y voluntad con paciencia. Saber que Dios está trabajando entre bastidores para crear su plan ideal para nuestra vida significa que debemos esperar las cosas activamente en lugar de esperar pasivamente.

Puede que nos sintamos agotados, agotados y desanimados mientras esperamos, pero Dios promete darnos nueva fuerza. Él nos da la resistencia que necesitamos para soportar y seguir corriendo el curso de la fe. Tenemos la capacidad de superar nuestras circunstancias, distracciones e incertidumbres, al igual que las águilas vuelan sobre el cielo.

Dios promete a los que lo esperan que caminen con confianza y resistencia en lugar de cansarse. Él nos dará la fuerza para salir adelante con una confianza inquebantante, sosteniéndonos a través de los obstáculos e incertidumbres de la vida.

Por lo tanto, mantengamos nuestro enfoque en el Señor a lo largo de estos tiempos de espera, esperando su fidelidad y aceptando su plan. No estaremos esperando en vano porque eventualmente Él logrará Sus objetivos y recuperaremos nuestro vigor.

ACEPTAR EL PROPÓSITO DIVINO DE TUS TALENTOS

"Puedo hacer todas las cosas a través de Cristo que me fortalece". - Filipenses 4:13 (NVI)

Como hombres, estamos dotados de un Creador amoroso y decidido con ciertos talentos y habilidades. Sin embargo, de vez en cuando podríamos preguntarnos de qué sirven nuestros dones o si podemos llevar a cabo las intenciones que Dios tiene para nosotros.

El apóstol Pablo nos enseña una profunda lección en Filipenses 4:13: con la fuerza de Cristo, somos capaces de lograr todo. Este pasaje es un potente recordatorio de que Dios nos dio nuestros dones por una razón específica. Dios nos proporciona el poder y la capacidad necesarios para llevar a cabo Sus intenciones para nuestra vida, por lo que no estamos solos en nuestras empresas.

Independientemente de nuestras fortalezas (liderazgo, creatividad, compasión o cualquier otra), podemos abordar nuestras habilidades con confianza porque sabemos que tenemos la capacidad de cambiar el mundo gracias a Cristo. Podemos tener fe en que Dios nos guiará, nos dará fuerza y usará nuestras habilidades para promover Sus objetivos.

En lugar de cuestionar nuestras habilidades o evaluarnos a nosotros mismos contra los demás, apreciemos y reconozcamos nuestras habilidades como regalos divinos. A medida que utilizamos nuestras habilidades para servirle y tener un efecto en el mundo, miremos a Él en busca de dirección y confiemos en Su poder.

Acepta con gratitud los regalos que Dios te ha dado hoy, sabiendo que tienes todo lo que necesitas en Cristo para lograr el propósito divino para el que fuiste hecho.

DESCUBRIENDO LA CURACIÓN EN LA PRESENCIA DE DIOS

"Sáname, Señor, y seré sanado; sálvame y yo seré salvo, porque tú eres a quien alabo". - Jeremías 17:14 (NVI)

Con frecuencia queremos la curación en medio de nuestro quebrantamiento, sufrimiento y problemas. La plenitud es a lo que todos aspiramos en términos de nuestro bienestar corporal, emocional y espiritual. Pero ¿dónde podemos ponernos bien?

Se nos recuerda que el Señor es la fuente de nuestra curación en el texto anterior. Podemos gritarle y poner nuestra fe en Su capacidad para liberarnos de nuestro sufrimiento. Dios no solo es capaz, sino que también quiere y desea restaurar nuestros cuerpos, cerebros y almas.

Cuando nos enfrentamos a obstáculos y problemas, con frecuencia intentamos resolverlos por nuestra cuenta. Dependemos de nuestras propias habilidades, fortalezas y recursos. Pero Dios nos pide que vengamos a Él porque Él es el único que realmente puede traernos curación y restauración. Dado que Él es el único que puede traer curación y totalidad, Él es a quien debemos honrar.

Humillémonos ante el Señor en momentos de necesidad, ya sea por enfermedades corporales, heridas emocionales o quebrantamiento espiritual. Démosle nuestros problemas y pongamos nuestra fe en Su bondad y compasión. Podemos descubrir la curación real y duradera que tan urgentemente necesitamos en Su presencia.

TENER CONFIANZA EN DIOS

"Ningún arma formada contra ti prosperará,
Y cada lengua que se levanta en tu contra en juicio
Condenarás. Esta es la herencia de los siervos
del Señor, Y su justicia es de mí", Dice el Señor". -
Isaías 54:17 (NKJV)

Dios nos promete en este pasaje que nos defenderá y triunfará sobre cualquier arma o ataque que se dirija a nosotros. En nuestra vida como hombres, podríamos encontrarnos con dificultades, resistencia e incluso combate espiritual. Dios nos ha asegurado, sin embargo, que ningún arma hecha contra nosotros tendrá éxito.

Dios dice que pondrá fin a cualquier crítica o acusación que se haga contra nosotros. Nos ha concedido el poder de exponer y frustrar las tramas del enemigo. Como esclavos del Señor, esta promesa es nuestra herencia, fundamentada en la justicia que Dios nos ha otorgado.

Podemos aferrarnos a este pasaje y poner nuestra fe en la fidelidad de Dios a través de circunstancias inciertas o difíciles. Las armas que el enemigo puede intentar usar contra nosotros no son nada que temer, ya que, al final, fracasarán. Más bien, podemos estar seguros de que Dios es nuestro guardián y defensor.

Este versículo debe servir como recordatorio para mantener nuestra posición como siervos de Dios, confiando en el conocimiento de que estamos cubiertos por Su justicia y que ningún plan ideado para hacernos daño tendrá éxito. Que nos enfrentemos a los obstáculos de la vida con coraje, sabiendo que estamos a salvo en el amor y el triunfo inquebrantables de Dios.

EL EFECTO DEL AMOR
TRANSFORMADOR DE DIOS

"Porque estoy convencido de que ni la muerte ni la vida, ni los ángeles ni los demonios, ni el presente ni el futuro, ni ningún poder, ni altura ni profundidad, ni nada más en toda la creación, podrán separarnos del amor de Dios que está en Cristo Jesús nuestro Señor". - Romanos 8:38-39 (NIV)

El amor transformador de Dios es un vínculo ininterrumpido que supera todas las dificultades y barreras. El apóstol Pablo afirma en este pasaje que cree que nada puede separarnos del amor de Dios, que se encuentra en Cristo Jesús.

Los hombres a veces experimentan dificultades, dudas y tentaciones que nos hacen dudar del amor de Dios por nosotros y amenazan nuestra fe. Sin embargo, los comentarios de Pablo sirven como recordatorio del carácter atemporal del amor de Dios. Es un amor que supera todas las limitaciones impuestas por este mundo, incluyendo la vida y la muerte, las luchas espirituales, las situaciones actuales y los futuros impredecibles.

El amor de Dios por nosotros es infalible, y eso nos da paz y certeza sin importar cuáles hayan sido nuestras deficiencias, errores o fracasos en el pasado. Su amor se basa en su carácter impecable y en el acto desinteresado de enviar a Jesús a morir en nuestro lugar, no en nuestras acciones o mérito.

Aferrémonos al conocimiento de que el amor de Dios es inquebrantable y constante en medio de dificultades e incertidumbres. Es un amor que siempre estará con nosotros y nunca nos abandonará. Por lo tanto, tengamos en cuenta que nada puede mantenernos alejados del amor transformador de Dios, que es nuestra última fuente de fuerza y esperanza, ya sea que nos sintamos abrumados o separados.

SUPERAR EL ORGULLO POR LA HUMILDAD DE DIOS

"No te conformes a este mundo, sino que te transformes en la renovación de tu mente, para que al probar puedas discernir lo que es la voluntad de Dios, lo que es bueno, aceptable y perfecto". - Romanos 12:2 (ESV)

En un mundo que nos bombardea constantemente con sus valores, ideologías y temptations, es fácil quedar atrapado en la trampa de seguir sus dictados. Sin embargo, se espera que tengamos un nivel más alto como hombres de Dios.

El versículo anterior sirve como recordatorio para luchar contra las demandas del mundo exterior y concentrarse en renovar nuestros pensamientos de acuerdo con el deseo de Dios. Podemos vivir con confianza de acuerdo con Su plan perfecto y liberarnos de la conformidad buscando Su verdad y alineando nuestras ideas con Su Palabra.

La elección deliberada de aceptar el cambio de Dios y rechazar la perspectiva del mundo es el primer paso hacia la renovación. Podemos determinar lo que es correcto, bueno y perfecto en la perspectiva de Dios orando, reflexionando sobre la Biblia y pidiendo ayuda al Espíritu Santo.

Necesitamos hombres más que nunca que no se aparten de un desafío y que estén firmemente arraigados en la veracidad de la Biblia. Decidamos vivir de acuerdo con Su voluntad, renovar nuestros pensamientos a diario y sumergirnos en Su verdad. Al cedernos al poder transformador de Dios, podremos experimentar la libertad, la serenidad y la satisfacción que son exclusivas de ese estado.

LA GRACIA DE LA DIRECCIÓN DE DIOS EN EL DINERO

"No guarden para ustedes tesoros en la tierra, donde las polillas y las alimañas se destruyen, y donde los ladrones irrumpen y roban". - Mateo 6:19 (NVN)

Es fácil dejar que la persecución del dinero se consuma en una sociedad donde el materialismo y la ganancia de riqueza son las fuerzas impulsoras. Podemos descubrir que siempre estamos buscando más pertenencias materiales porque creemos que nos proporcionarían estabilidad y satisfacción. Pero este

166

capítulo de Mateo sirve como recordatorio de lo transitorios que son los bienes terrenales.

Jesús nos dice que no demos un gran valor a la acumulación de dinero y pertenencias. Los tesoros en la Tierra son transitorios y se pierden o se destruyen fácilmente. La gracia de Dios, por otro lado, nos lleva a concentrarnos en los bienes celestiales y en las inversiones eternas.

Se espera que los hombres administren el dinero que Dios nos ha confiado con cuidado. Esto implica una gestión financiera prudente, una negativa a sucumbir al materialismo o a la codicia, y la comprensión de que solo Dios proporciona la máxima seguridad.

La gracia de Dios nos ayuda a tomar decisiones financieras prudentes al animarnos a poner la caridad, el gasto frugal y la inversión prudente en primer lugar. Nos instruye a perseguir la importancia eterna e invertir en cosas como el amor, la compasión y la expansión de Su reino.

Que siempre vayamos a Dios en favor de orientación mientras tomamos decisiones financieras, aceptando Su sabiduría y gracia en la gestión de recursos. Recuerde que la satisfacción y la seguridad genuinas solo se pueden lograr llevando una vida en armonía con las intenciones eternas de Dios, no acumulando posesiones mundanas.

USO DE LA COMUNICACIÓN PARA FORTALECER LAS RELACIONES

"Que tu conversación esté siempre llena de gracia, sazonada con sal, para que sepas cómo responder a todos". - Colosenses 4:6 (NVI)

Para fortalecer cualquier conexión, ya sea con amigos, familiares, compañeros de trabajo o incluso con completos extraños, la comunicación es esencial. Este pasaje sirve como un recordatorio útil del valor de las palabras y de cómo las utilizamos mientras interactuamos con los demás.

Pablo nos exhorta a hablar con amor, compasión y comprensión para tener discusiones llenas de gracia. Hablar con compasión y comprensión, escuchar atentamente y responder con decencia y respeto son todos componentes de la comunicación elegante.

Paul también nos exhorta a añadir sal a nuestras interacciones. La sal se utilizaba para preservar y mejorar el sabor de los alimentos en los tiempos bíblicos. Del mismo modo, las personas con las que nos involucramos deben beneficiarse de la vitalidad, el aliento y la verdad que nuestras palabras imparten. Nuestro objetivo es hablar de una manera que sea alentadora, terapéutica e inspiradora.

Podemos manejar las relaciones con gracia y sensibilidad si somos deliberados en nuestra elección de palabras y dejamos que la gracia y la sabiduría guíen nuestras interacciones. Este pasaje sirve como un recordatorio útil para abordar cada conversación con el objetivo de comprender, simpatizar y, si es necesario, proporcionar soluciones. No solo mejoramos nuestras relaciones con los demás comunicándonos con gracia y sal, sino que también nos convertimos en un ejemplo vivo del amor y la gracia de Dios para los demás que nos rodean.

USAR LA GRACIA DE DIOS PARA SUPERAR EL ARREPENTIMIENTO

"Pero él me dijo: 'Mi gracia es suficiente para ti, porque mi poder se perfecciona en debilidad'. Por lo tanto, me jactaré con más gusto de mis debilidades, para que el poder de Cristo descanse sobre mí". - 2 Corintios 12:9 (NVI)

Podríamos sentirnos culpables, avergonzados y decepcionados cuando albergamos arrepentimiento, lo que puede ser una carga pesada. Puede hacer que desconfiemos del perdón de Dios y cuestionemos nuestro propio valor. Pero la gracia de Dios es más que suficiente para superar nuestros remordimientos.

El apóstol Pablo describe su momento personal de debilidad y la respuesta de Dios en este pasaje. Dios le aseguró a Pablo que Su gracia era suficiente a pesar de sus dificultades y remordimientos. Las debilidades de Pablo proporcionaron los medios para que el poder de Dios funcionara y se manifestara.

Nuestras transgresiones o remordimientos no disminuyen la gracia de Dios. Más bien, es durante esos mismos momentos que su fuerza se refina. Dios usa nuestras deficiencias como una oportunidad para mostrar su poder y cambiarnos.

Por lo tanto, celebremos nuestros defectos sabiendo que la gracia de Dios es suficiente para superarlas en lugar de lamentarnos por nuestros remordimientos. Démosle nuestros remordimientos para que Su poder pueda funcionar en nuestras vidas. Somos capaces de descubrir la curación, la restauración y el perdón gracias a Su gracia. Podemos seguir con confianza aceptando Su gracia porque sabemos que incluso en medio del arrepentimiento, el poder de Dios está trabajando en nosotros.

LLEVAR UNA VIDA DE SANTIDAD

"Pero, así como el que te llamó es santo, así sé santo en todo lo que haces; porque está escrito: 'Sé santo, porque yo soy santo'". - 1 Pedro 1:15-16 (NVI)

Todo hombre debería tomar en serio el llamado a vivir una vida santa. Como Sus hijos, Dios, que nos ha llamado, es santo, y quiere que vivamos vidas santas en todos los sentidos.

Ser santificado, dedicado y apartado para los propósitos de Dios es lo que significa ser santo. Implica llevar una vida que refleje Sus estándares, carácter y valores y que sea agradable para Él. Implica hacer un esfuerzo por ser moralmente directo, puro y puro en todas nuestras palabras, acciones e ideas.

Renunciar a nuestros propios deseos egoístas y someternos a la voluntad de Dios es necesario para vivir una vida santa. Depende de la oración, de la lectura de la Palabra de Dios y del Espíritu Santo para buscar Su dirección y empoderamiento a diario.

La santidad es el resultado de la gracia de Dios en el trabajo en nosotros, no de nuestra propia fuerza o esfuerzos. Dios nos moldea en Su semejanza a través de un proceso de desarrollo y transformación que dura toda la vida.

Como hombres, aceptemos la llamada a la santidad, dándonos cuenta de que es un mandato de Dios en lugar de una elección. Dado que todo lo que hacemos es una manifestación de nuestro amor y devoción a Dios, hagamos un esfuerzo por vivir vidas santas.

USAR LA SABIDURÍA DE DIOS PARA SUPERAR LOS DESAFÍOS DE LA CRIANZA

"No tengas miedo ni te desanimes, porque el Señor Dios, Dios mío, está contigo. Él no te dejará ni te abandonará". - 1 Crónicas 28:20 (NIV)

Criar a nuestros hijos presenta una miríada de dificultades e incógnitas para los padres. Ya sea ayudando a los niños a superar los desafíos de la vida o tomando decisiones difíciles, con frecuencia podemos sentirnos indefensos e insuficientes. Este pasaje, sin embargo, nos insta a poner nuestra confianza en el Señor durante estos tiempos difíciles.

174

Dios nos dice que no tenemos que enfrentarnos a los desafíos particulares que encontramos como padres aislados. El conocimiento de que el Señor, nuestro Dios, está con nosotros en todo momento nos da consuelo. A pesar de nuestras mayores dificultades, Jesús jura no abandonarnos nunca.

Este pasaje nos recuerda que incluso frente a los desafíos de la crianza de los hijos, podemos confiar en el conocimiento, el poder y la dirección de Dios. Saber que Dios está con nosotros y que nunca se irá de nuestro lado puede proporcionarnos consuelo cuando surgen dudas y preocupaciones.

Por lo tanto, no permitamos que el miedo o el desánimo nos superen, porque tenemos un amoroso Padre Celestial que está activamente involucrado en nuestra aventura de crianza. Podemos enfrentar los obstáculos de la vida con Su ayuda, confiando en Su amor y fidelidad inquebrantables.

RENUNCIAR A TU VOLUNTAD DE ACUERDO CON LA VOLUNTAD DE DIOS

"Por lo tanto, les insto a ustedes, hermanos y hermanas, en vista de la misericordia de Dios, a que ofrezcan sus cuerpos como un sacrificio vivo, santo y agradable a Dios, esta es su verdadera y adecuada adoración". - Romanos 12:1 (VNI)

Se nos ordena entregar nuestra voluntad y someterla a la voluntad de Dios en nuestro camino de fe. Se nos recuerda la importancia de presentarnos a Dios como sacrificios vivientes en este texto de los romanos. Implica renunciar a nuestros objetivos, aspiraciones y planes para cumplir con Su propósito divino.

Renunciar a nuestra voluntad no implica pérdida de identidad ni pasividad. En cambio, es una decisión ceder nuestra vida a la dirección todopoderosa de Dios. Es un reconocimiento de que Sus propósitos y métodos son mucho más grandes que los nuestros. Cuando nos sometemos a Su voluntad, nos volvemos vulnerables a dones, desarrollo y metamorfosis increíbles.

Está bastante bien que los chicos tengan aspiraciones y objetivos en la vida. Pero es importante seguir evaluando nuestros objetivos en el contexto del plan de Dios. Debemos pedir humildemente su dirección en la oración y estar dispuestos a cambiar de rumbo si Él así lo decide.

Entramos en una vida de adoración genuina cuando entregamos nuestra voluntad a la de Dios. Es una ofrenda para honrarlo y exaltarlo de nuestras riquezas, habilidades y yo. Hagamos un esfuerzo para dar nuestra voluntad a Dios todos los días, poniendo nuestra fe en Su discernimiento y dando nuestros deseos a Su plan ideal.

CONFIAR EN LA FIDELIDAD DE DIOS DURANTE LAS DIFICULTADES

"No se preocupen por nada, pero en cada situación, mediante la oración y la petición, con acción de gracias, presenten sus peticiones a Dios".
- Filipenses 4:6 (NVI)

El miedo, la ansiedad y la incertidumbre pueden tomar fácilmente el control cuando se enfrentan a desafíos. Dios nos enseña que pongamos nuestra confianza en Él, incluso si nuestra propensión natural es confiar en nuestro propio poder y sabiduría.

Estamos seguros en Filipenses 4:6 de que no tenemos que soportar el peso de la preocupación.

Más bien, se nos anima a usar la oración y la petición para llevar nuestras preocupaciones, dificultades y obstáculos ante Dios. Es Su fidelidad y provisión en el pasado lo que debemos reconocer y reconocer con corazones llenos de gratitud cuando nos acercamos a Él.

Confiar en la fidelidad de Dios es someterse y ser humillado. Implica reconocer que somos impotentes ante los desafíos de la vida por nuestra cuenta y, en cambio, confiar en Su sabiduría y fuerza. Al hacer esto, experimentamos una tranquilidad que está más allá de la comprensión.

Incluso en las profundidades de nuestra desesperación, Dios es confiable. Está preparado para escucharnos, consolarnos y guiarnos a través de nuestras dificultades. Como hombres, debemos tener en cuenta que depender de Dios es una muestra de fe, no de debilidad.

Así que pongamos nuestros problemas a los pies del Señor y pongamos nuestra fe en su amor y fidelidad firmes. Que la conciencia de que servimos a un Dios confiable que nunca nos abandonará nos traiga consuelo.

ACEPTAR EL PLAN DE DIOS PARA TUS RELACIONES

"Porque conozco los planes que tengo para ti", declara el Señor, "planes para prosperarte y no para hacerte daño, planes para darte esperanza y un futuro". - Jeremías 29:11 (NVI)

Es fácil frustrarse o sentirse sin esperanza cuando se buscan conexiones profundas. A lo largo del camino, podríamos encontrarnos con perplejidad, rechazo o dolor. Dios, sin embargo, sirve como recordatorio de que Él tiene un propósito para nuestra vida que incluye la construcción de conexiones.

Jeremías 29:11, el pasaje anterior, afirma que Dios tiene excelentes intenciones para nosotros. Él quiere que prosperemos, que estemos a salvo del peligro, que tengamos esperanza y que tengamos un futuro. Nuestras interacciones interpersonales son parte de esto.

De vez en cuando, podemos tratar de obligar a nuestras relaciones a operar en torno a nuestras propias necesidades y objetivos. Sin embargo, si le damos a Dios nuestros objetivos y creemos en Su momento perfecto, Él puede traer a las personas adecuadas a nuestras vidas y guiarnos por un camino que es a la vez relaciones satisfactorias y saludables.

Buscar la sabiduría de Dios, seguir Sus consejos y confiar en Su plan impecable son parte de dejar que Dios dirija nuestras relaciones. Si bien las cosas no siempre pueden ser simples o fáciles, puede haber consuelo y certeza en saber que Dios tiene el control total de todo.

Así que aceptemos el diseño de Dios para nuestras relaciones y pongamos nuestra fe en Su sabiduría. Que busquemos Su voluntad y dejemos que Él nos guíe a través de las complejidades de desarrollar relaciones profundas con las personas, dándonos esperanza para un futuro lleno de amor, felicidad y satisfacción.

EL PODER DEL TOQUE CURATIVO DE DIOS

"Porque yo soy el Señor, tu sanador". - Éxodo 15:26 (NVI)

Da tranquilidad saber que nuestro Dios no solo es todopoderoso, sino también un sanador, especialmente en tiempos de sufrimiento físico o mental. Dios aparece por primera vez a su pueblo en el Éxodo 15:26 como Jehová Rapa, que se traduce como "el Señor, tu sanador".

Este conmovedor versículo sirve como un fuerte recordatorio de que Dios está directamente involucrado en nuestra recuperación. Él anhela hacernos completos de nuevo porque ve el quebrantamiento dentro de nosotros. La mano sanadora de Dios puede proporcionar consuelo y esperanza para todo tipo de enfermedad, ya sea física, mental o emocional.

Dios, en toda Su sabiduría, entiende precisamente lo que necesitamos para ser sanados y restaurados. Él nos invita a que le traigamos nuestro sufrimiento y penas, creyendo que Él puede sanarnos y completarnos.

Los hombres pueden intentar aguantar y lidiar con sus problemas por su cuenta. Pero este pasaje enfatiza lo crucial que es recurrir a Dios para recibir sanación. Con un toque que puede traer liberación y cambio, él es la última fuente de poder y curación.

Sea lo que sea por lo que estés pasando ahora mismo, nunca olvides que el toque curativo de Dios tiene la capacidad de traer libertad, totalidad y restauración. Pon tu fe en Su tierno cuidado y deja que el mejor sanador del mundo trabaje en tu vida.

DESCUBRIENDO LA ALEGRÍA EN LA PRESENCIA DE DIOS

"Porque en él se crearon todas las cosas: cosas en el cielo y en la tierra, visibles e invisibles, ya sean tronos o poderes o gobernantes o autoridades; todas las cosas han sido creadas a través de él y para él". - Colosenses 1:16 (NIV)

Es fácil perder de vista lo que realmente cuenta en un mundo lleno de presiones y desviaciones. Perseguimos el logro, la atención y los placeres materiales con la esperanza de que nos completen y nos hagan felices. Pero solo en la presencia de Dios se puede encontrar un verdadero deleite.

El pasaje antes mencionado sirve como recordatorio de que todo fue hecho por Él y para Él. Él es la razón detrás de todo en este universo, tanto visible como invisible. Este hecho debería cambiar nuestras prioridades y nuestro punto de vista. Buscar nuestra alegría y propósito solo en Dios es lo único que debemos hacer, en lugar de buscar satisfacción en cosas transitorias.

La alegría en la presencia de Dios exige un esfuerzo deliberado para descubrir. Implica hacer tiempo para pasar en Su presencia mediante la oración, la meditación bíblica y el desarrollo de una conexión estrecha. Implica renunciar a nuestros deseos y dirigir nuestras mentes para que se ajusten a Su santa voluntad.

Dar prioridad a la presencia de Dios en nuestra vida conduce a una profunda sensación de felicidad y satisfacción que es mayor que cualquier logro en este mundo. La presencia de Dios nos da coraje, serenidad y una perspectiva eterna que nos ayuda a navegar por los altibajos de la vida.

Por lo tanto, centremos nuestros corazones en Dios y dirijamos nuestros ojos hacia Él. Todo lo demás se colocará en su lugar a medida que aprendamos a ser alegres en Su presencia.

LA GRACIA DE LA BIENAVENTURANZA DE DIOS

"Benditos los puros de corazón, porque verán a Dios". - Mateo 5:8

La promesa de Dios de que las personas con corazones limpios lo verán refleja la gracia de su bienaventuranza. Esta estrofa aborda nuestro estado interior, o la esencia de lo que somos, de una manera directa. Sirve como recordatorio de que, para tener una relación más significativa y auténtica con nuestro Creador, debemos purificar nuestros corazones, que son la fuente de nuestras creencias y deseos reales.

Ser puro de corazón se refiere a tener un amor auténtico y verdadero por Dios que no se mancha por la impureza o el egoísmo. Es esforzarse por complacer a Dios por encima de todas las cosas y tener un corazón que esté en línea con Su deseo. Exige que desarrollemos pureza en nuestros deseos, motivos e ideas.

Sin embargo, los beneficios de tener un corazón puro son asombrosos. Se levanta el telón y podemos ver a Dios más claramente cuando tenemos un corazón puro. Se nos da una mirada más cercana a Su grandeza, una mejor comprensión de Su naturaleza y un vínculo más estrecho con Él.

A medida que nos esforzamos por alcanzar la pureza moral, tengamos en cuenta que no podemos lograrla solo con nuestros propios esfuerzos. Somos capaces de limpiar nuestras almas y acercarnos a Dios gracias a Su gracia. Sabiendo que obtendremos el increíble beneficio de ver a Dios a través de Su bienaventuranza, aferrémonos a Su fuerza, pidamos su dirección y confiemos en Su gracia.

DESARROLLANDO UN CORAZÓN DE PERSEVERANCIA

"Porque tienes necesidad de resistencia, para que cuando hayas hecho la voluntad de Dios puedas recibir lo prometido". - Hebreos 10:36 (ESV)

El horno de la resistencia es donde se forma la perseverancia. Nos encontramos con dificultades, dificultades y barreras en nuestro camino espiritual que ponen a prueba nuestra perseverancia. Sin embargo, este pasaje sirve como recordatorio de que la perseverancia es esencial, especialmente cuando se enfrentan a desafíos.

189

La resistencia no solo consiste en apretar los dientes y perseverar, sino que también tiene su base en la comprensión de las promesas de Dios. Es la convicción inquebrantable de que la fidelidad de Dios nos mantendrá vivos y que Sus promesas finalmente se harán realidad.

Tener un corazón perseverante es comprometerse a llevar a cabo la voluntad de Dios a pesar de las dificultades. Requiere paciencia con Su horario, fe en Su suministro y confianza en Sus planes.

Se espera que los hombres se hagan cargo, se enfrenten a los obstáculos de frente y soporten las tormentas de la vida. El carácter se desarrolla, la fe se fortalece y las recompensas se obtienen con resistencia.

Por lo tanto, fijémonos en las promesas de Dios, aferrémonos a Su palabra y cultivemos un espíritu de perseverancia. Que nunca olvidemos que cuando nuestra fe se pone a prueba, resulta en perseverancia, y es con perseverancia que podremos disfrutar de todos los abundantes dones que Dios ha planeado para nosotros.

CONFÍANDO EN LA PROVISIÓN SUFICIENTE DE DIOS EN TIEMPOS DIFÍCILES

"Y mi Dios proveerá todas las necesidades tuyas de acuerdo con sus riquezas en la gloria en Cristo Jesús". - Filipenses 4:19 (ESV)

Podría ser fácil ceder a la ansiedad y la desesperanza en circunstancias difíciles. Sin embargo, estamos obligados como hombres de fe a poner nuestra fe en la provisión de nuestro Padre celestial. Este pasaje sirve como recordatorio de que Dios es plenamente capaz de satisfacer nuestras necesidades y consciente de ellas.

191

Podemos encontrar consuelo en el conocimiento de que nuestro Dios es un proveedor amoroso y confiable, incluso frente a graves dificultades financieras, dificultades interpersonales o enormes impedimentos. Nuestras circunstancias no lo restringen; sus recursos son ilimitados.

Es fundamental que los hombres entiendan que depender solo de nuestra propia fuerza solo puede llegar hasta ahora. En su lugar, se nos insta a confiar en el amplio suministro de Dios. Esto requiere sumisión, humildad y una fuerte fe en Su conocimiento y bondad.

Pongamos nuestra fe en Filipenses 4:19 como una promesa. Que el conocimiento de que Dios satisfará todas nuestras necesidades de acuerdo con Su gloria y riqueza nos traiga serenidad. Nos encontraremos con Su rico suministro y aprenderemos el deleite de depender completamente de nuestro Proveedor confiable, ya que confiamos en Él en circunstancias difíciles.

TRIUNFAR SOBRE LA DUDA A TRAVÉS DE LAS PROMESAS DE DIOS

"¿No te he mandado? Sé fuerte y valiente. No te asustes, y no te desmalle porque el Señor tu Dios está contigo dondequiera que vayas". - Josué 1:9 (ESV)

La duda puede ser un enemigo poderoso que impide nuestro desarrollo y erosiona nuestra fe. Nos atrae a dejar de fumar, difunde información errónea y crea dudas. La Palabra de Dios, sin embargo, nos proporciona una poderosa seguridad durante la incertidumbre: ser valientes y fuertes porque Él está con nosotros.

Los hombres pueden desconfiar de su propio juicio, sus habilidades o incluso de la fidelidad de Dios. Pero debido a la presencia constante de Dios en nuestra vida, en lugar de nuestro propio poder, Él nos insta a ser valientes y fuertes.

Podemos superar la incertidumbre firmemente arraigados en las promesas de Dios. Él nos da garantías sobre Su lealtad, sabiduría y amor sin límites. Recordemos, cuando nos sentimos dudosos, que el Dios que nos exhortó a ser valientes e inquebrantables es también el Dios que camina delante de nosotros, está a nuestro lado y va delante de nosotros.

Anunciemos con confianza las promesas de Dios sobre nuestra vida cada vez que la incertidumbre sienta que está a punto de abrumarnos. Sabiendo que podemos superar la incertidumbre y encontrar la victoria en Él, lideremos con valentía sobrenatural. Podemos enfrentar las incertidumbres de la vida con confianza decidida cuando tenemos la certeza de Su presencia.

LIDERAR CON CORAJE DIVINO

"Sé fuerte y valiente. No temas ni temas de ellos, porque es el Señor tu Dios quien va contigo. Él no te dejará ni te abandonará". - Deuteronomio 31:6 (ESV)

Dios pide a los hombres que sean líderes de valentía sobrenatural en una sociedad que con frecuencia busca el compromiso y la sumisión. Este pasaje del Deuteronomio sirve como recordatorio de que la presencia y el poder de Dios, en lugar de la nuestra, son la fuente de la valentía.

Los hombres tienen mucho que hacer cuando se trata de dirigir a nuestras familias, negocios y comunidades. A lo largo del viaje, la ansiedad, la duda y la resistencia podrían surgir. Esta escritura, sin embargo, nos asegura que cuando ponemos nuestra confianza en Dios, no tenemos que preocuparnos.

La creencia inquebrantable de que Dios está constantemente a nuestro lado es la base de la valentía divina. Camina por delante de nosotros, guiando nuestros pasos y dándonos el poder que necesitamos. Sus garantías de que nunca nos abandonaría nos proporcionan el coraje para abordar cualquier circunstancia de frente.

Por lo tanto, aferrémonos al conocimiento de que no estamos recorriendo este camino de liderazgo solos. Podemos liderar con valentía divina cuando confiamos en el poder y la presencia de Dios porque sabemos que Él nos proporcionará las herramientas que necesitamos, nos guiará y entregará la victoria en cada situación.

EL EFECTO DE LA MISERICORDIA DE DIOS

"Porque el juicio no tiene piedad para uno que no ha mostrado misericordia. La misericordia triunfa sobre el juicio". - Santiago 2:13 (ESV)

La misericordia de Dios es revolucionaria. Este poema sirve como un poderoso recordatorio del poder transformador de la misericordia de Dios en una cultura que con demasiada frecuencia abraza el juicio y la condena severos.

Los hombres son susceptibles de caer presa de espíritus críticos y de mentalidades críticas. Sin embargo, Dios nos mantiene a un nivel más alto. Él nos muestra misericordia porque es un Dios amoroso y perdonador, no porque lo merezcamos.

Nuestro punto de vista se altera cuando vemos el alcance de la bondad de Dios y permitimos que entre en nuestros corazones. Nos obliga a perdonar, agraciar y tratar a los demás con compasión en lugar de juzgarlos.

La misericordia de Dios influye en nuestra relación con Él, así como en la forma en que nos conectamos con los demás. Sirve como recordatorio de que nuestra conexión con Él se basa en su favor inmerecido en lugar de en transacciones. Experimentamos nuevos comienzos, restauración y redención gracias a Su amabilidad.

Seamos hombres que, por nuestras palabras, hechos y veredictos, reflejen la bondad de Dios. Que seamos compasivos, perdonemos y elijamos el amor por encima de la crítica. Los que nos rodean pueden experimentar la curación, la esperanza y la transformación a medida que aceptamos el impacto de la bondad de Dios.

SUPERAR LAS ADICCIONES CON EL PODER DE DIOS

"Ninguna tentación te ha superado, excepto lo que es común a la humanidad. Y Dios es fiel; no te dejará ser tentado más allá de lo que puedes soportar. Pero cuando estés tentado, él también te proporcionará una salida para que puedas soportarla". - 1 Corintios 10:13 (NVI)

Podríamos sentirnos indefensos y encarcelados por las adicciones porque tienen la capacidad de absorbernos y dominarnos. Sin embargo, este pasaje sirve como recordatorio de que, a pesar de la tentación, tenemos un Dios confiable que está a nuestro lado y ofrece un camino de salida.

Dios es consciente de las dificultades que encontramos. Nos asegura que todos se han enfrentado a la tentación en algún momento de sus vidas. En nuestra lucha, no estamos solos. La fuerza y la presencia de Dios nos proporcionan la capacidad de triunfar.

Es fundamental tener en cuenta que Dios es confiable incluso en nuestras horas más oscuras. Él garantiza que nunca seremos tentados más de lo que podemos resistir. Él nos da un plan de escape, un medio para escapar de la tentación que está lista para atraparnos.

Confiemos, hermanos, en el poder de Dios para liberarnos de los lazos de la adicción. Podemos enfrentarnos a nuestras tentaciones de frente debido a Su fuerza porque sabemos que Él siempre estará allí para guiarnos y fortalecernos para soportar. Con Él a nuestro lado, la victoria está a nuestro alcance.

LA BENDICIÓN DE LA MISERICORDIA SANADORA DE DIOS

"Bendice al Señor, oh alma mía, y no olvides todos sus beneficios, que perdona toda tu iniquidad, que sana todas tus enfermedades". - Salmo 103:2-3 (ESV)

La bondad sanadora de Dios es un regalo invaluable que a veces damos por sentado. Él es el sanador celestial que proporciona plenitud y curación en medio de nuestra ruptura corporal y espiritual.

Este pasaje sirve como recordatorio para dar gracias al Señor con todo nuestro corazón y para nunca perder de vista las increíbles ventajas que Él ofrece. Debido a su interminable bondad y gracia, nuestros crímenes son perdonados y nuestras enfermedades se curan.

Dios puede curar a las personas más allá de su condición física. Él repara el daño que el pecado ha infligido en nuestros espíritus, además de sanar nuestros cuerpos. Su cura es transformadora y va más allá de cualquier medicina mundana provocada por su toque sobrenatural.

Vamos al Señor con confianza cuando nos encontremos en necesidad de curación, ya sea espiritual, emocional o corporal. Él es la fuente de restauración y curación, capaz de restaurar una vida abundante y curar las heridas más profundas.

Que estemos agradecidos por la bondad sanadora de Dios y ansiosos por proporcionar este maravilloso regalo a otros necesitados. Démosle las gracias por su inquebrantable lealtad y su abundante afecto por nosotros.

FORTALECER LAS AMISTADES A TRAVÉS DE LA LEALTAD

"Un amigo ama en todo momento, y un hermano nace para la adversidad". - Proverbios 17:17 (ESV)

Dios nos ha dado el inestimable regalo de las amistades, que mejora nuestras vidas. Este poema nos recuerda el valor de la lealtad en nuestras relaciones. Los verdaderos amigos nos proporcionan amor y apoyo constantes en los buenos y en los malos momentos.

En una amistad, la lealtad se define como ser confiable, fiel y digno de confianza. Implica ir más allá de las relaciones superficiales y estar preparado para apoyarse mutuamente en tiempos difíciles. De la misma manera que un hermano está destinado a ayudar y animar a su hermano en tiempos difíciles, nuestras amistades deben demostrar la misma profunda dedicación el uno al otro.

En un entorno donde las conexiones pueden ser fugaces y superficiales, hagamos un esfuerzo para fortalecer nuestras amistades con la fidelidad. Deje que la fiabilidad, la honestidad y la confianza sirvan como piedras angulares de nuestras relaciones. Seamos el tipo de amigos que no vacilan y que brindan apoyo cuando las cosas se ponen difíciles.

Dejemos que los hombres busquemos y fomentemos amistades basadas en la confianza. Seamos el tipo de amigos que muestran a nuestros hermanos el amor y el apoyo de Cristo mostrándoles nuestro compromiso inmedible en su momento de necesidad. Al hacer esto, glorificamos a Dios y fortalecemos los lazos sagrados que unen las amistades.

ACEPTANDO EL PLAN FINANCIERO DE DIOS PARA TI MISMO

"Trae todo el diezmo al almacén, para que pueda haber comida en mi casa. Pruébame en esto", dice el Señor Todopoderoso, "y mira si no voy a abrir las compuertas del cielo y derramar tanta bendición que no habrá suficiente espacio para guardarlo". - Malaquías 3:10 (NIV)

Es fácil confiar en nuestros propios planes y tácticas para el éxito financiero en una sociedad en la que las personas están obsesionadas con la estabilidad financiera. Esta escritura, sin embargo, nos anima a aceptar el plan financiero de Dios para nuestra vida.

Nuestros primos, o diezmos, están llamados a ser traídos al almacén de Dios. Al hacer esto, mostramos nuestra fe en Él como el mejor proveedor. Es un acto de confianza y obediencia.

Dios ofrece una abundancia inimaginable cuando nos comprometemos a obedecer su plan financiero. Libera las compuertas del cielo, otorgando beneficios de muchas maneras. Es posible que estos beneficios no siempre vengan con el dinero, pero aun así proporcionan una sensación de estabilidad, satisfacción y placer que supera la riqueza material.

Hermanos, pongamos nuestra fe en el plan financiero de Dios para nosotros. Es Él quien promete abastecer en exceso y en abundancia cuando lo respetamos con nuestras finanzas. Que poseamos la valentía de entregarle nuestros planes, entendiendo que Su suministro es mucho más abundante que cualquier cosa que podamos hacer nosotros mismos.

MANEJAR EL DESACUERDO CON EL AMOR DE DIOS

"Un nuevo mandamiento que te doy: Ámense los unos a los otros. Como yo os he amado, así debéis amaros unos a otros". - Juan 13:34 (NVI)

Los conflictos surgirán inevitablemente en la vida. Como hombres, nos encontramos con circunstancias en las que se producen desacuerdos y disputas. Pero este versículo también sirve como un recordatorio útil de lo importante que es abordar los conflictos con el amor de Dios.

Con gran sabiduría, Jesús nos otorga un nuevo mandamiento: amor el uno por el otro. Este mandamiento establece un alto nivel de cómo tenemos que comportarnos los unos con los otros, especialmente cuando no estamos de acuerdo. A pesar de nuestras diferencias, se espera que amemos a los demás como Cristo nos ha amado a nosotros.

Buscar comprensión, ejercer empatía y mostrar gracia son parte de amarnos los unos a los otros, incluso cuando no estamos de acuerdo. Por el bien de la unidad, debemos dejar de lado nuestros egos y agendas y actuar con paciencia y humildad.

No podemos permitir que los argumentos arruinen nuestras relaciones como hombres de fe. Más bien, abordemos los conflictos basando nuestras decisiones en el amor de Dios. Al hacer esto, podemos fortalecer nuestros lazos entre nosotros, crear un terreno común y construir puentes.

Con el fin de manejar las diferencias con gracia, respeto y comprensión, y en última instancia, para reflejar el amor de Dios por el mundo que nos rodea, que Su amor sirva como una base sólida.

DEJAR DE LADO LAS PREOCUPACIONES FUTURAS

"Por lo tanto, no te preocupes por el mañana, porque mañana se preocupará por sí mismo. Cada día tiene suficientes problemas propios". - Mateo 6:34 (NVI)

Los hombres son propensos a llevar la carga de la preocupación por el futuro. Nuestras preocupaciones son numerosas e incluyen nuestros trabajos, dinero, y relaciones. Este versículo, sin embargo, sirve como un recordatorio útil de la importancia de dejar al lado nuestro ego de las incógnitas del futuro.

Jesús nos muestra que preocuparse por el futuro solo hace que nuestras vidas sean más estresantes de lo que tienen que ser. Más bien, se nos insta a vivir en el presente y tener fe en que Dios proveerá nuestras necesidades todos los días.

Renunciar a las preocupaciones sobre el futuro es un signo de derrota en lugar de descuido. Es una manifestación de nuestra creencia en un Dios soberano y benevolente que está a cargo de nuestro futuro. Debido a que sabemos que la gracia de Dios es suficiente para cada momento, nos permite apreciar y experimentar plenamente el presente.

Así que aprendamos a vivir día a día, buscando la dirección y el suministro de Dios para el presente. Podemos ser liberados del estrés y vivir completamente en el presente poniendo nuestro futuro en Sus manos, sabiendo que nuestro Padre celestial ya ha ido antes que nosotros.

CONFIAR EN LA SOBERANÍA DE DIOS DURANTE LAS DIFICULTADES

"Y sabemos que para aquellos que aman a
Dios, todas las cosas trabajan juntas para el bien,
para aquellos que son llamados según su propósito".
- Romanos 8:28 (ESV)

La vida inevitablemente implicará dificultades. Experimentamos sufrimiento, dificultades y tribulaciones que podrían hacer que perdamos la fe y nos sintamos sobrecargados. Este versículo, sin embargo, sirve como recordatorio para poner nuestra fe en la soberanía de Dios y en Su capacidad de resolver todo para nuestro beneficio.

Cuando se enfrenta a dificultades, es natural dudar del propósito de Dios y preguntar por qué las cosas están funcionando como están. Sin embargo, se espera que tengamos confianza en que Dios está a cargo como hombres de fe. Él está planeando cada aspecto de nuestra vida por una razón.

Podemos reconfortarnos con el conocimiento de que Dios puede utilizar cada desafío que enfrentamos para moldearnos y perfeccionarnos, incluso cuando no podemos ver el panorama más amplio. Tiene la capacidad de crear el triunfo de la pérdida, la belleza de las cenizas y la fuerza de la debilidad.

Así que, en circunstancias difíciles, confiemos en la soberanía de Dios. Que confiemos en Él y tengamos fe en que Él está orquestando las cosas para nuestro beneficio, en lugar de permitir que el miedo o la incertidumbre nos superen. Incluso las situaciones más difíciles pueden resultar en beneficios y progreso cuando están en Sus manos.

DESCUBRIENDO LA CALMA EN LA PRESENCIA DE DIOS

"Esté quieto y sabe que soy Dios. ¡Seré exaltado entre las naciones, seré exaltado en la tierra!" - Salmo 46:10 (ESV)

Encontrar momentos tranquilos puede parecer un lujo en una sociedad cuando el ruido, las distracciones y el bullicio están a nuestro alrededor. Pero esta escritura también enfatiza lo crucial que es reconocer la presencia de Dios y permanecer quieto.

Dios nos insta a detenernos, a descansar nuestras mentes y a estar quietos en medio de la agitación y la confusión. Saber que Dios está a cargo en estos

213

momentos puede darnos una profunda sensación de serenidad y tranquilidad.

Invitamos a la presencia de Dios y dejamos que Su serenidad nos envuelva cuando conscientemente hacemos tiempo para estar quietos ante Él. Estos son los momentos en los que podemos sentir su amor inquebrantable, escuchar su suave voz y encontrar paz para nuestros espíritus.

Los hombres son conocidos por soportar cargas pesadas, obligaciones y ansiedades. Sin embargo, encontramos fuerza y santuario en la presencia de Dios. Nos invita a que confiemos en Su fiabilidad y le demos nuestras preocupaciones.

Por lo tanto, esforcémonos conscientemente por reservar tiempo para permanecer quietos en la presencia de Dios. Que dejemos ir nuestras ansiedades, encontremos consuelo en Su amor y experimentemos una profunda serenidad que eleva nuestro espíritu.

LA ENORMIDAD DEL AMOR
TRANSFORMADOR DE DIOS

"Pero Dios demuestra su propio amor por nosotros en esto: mientras éramos pecadores, Cristo murió por nosotros". - Romanos 5:8 (NVI)

El amor transformador de Dios es tan grande que es incomprensible. Este pasaje enfatiza la disposición de Dios a tomar medidas tremendas para mostrarnos cuánto nos ama, lo que resume el profundo amor de Dios por nosotros.

El amor de Dios no depende de nuestro servicio o moralidad. En realidad, su amor se hace más evidente por la realidad de que somos pecadores.

Cristo dio voluntariamente su vida en la cruz por nosotros cuando todavía estábamos en un estado rebelde. Nos mostró la altura del amor desinteresado persiguiéndonos a pesar de que no lo merecíamos.

Darse cuenta del alcance del amor de Dios nos cambia fundamentalmente. Repara nuestro quebrantamiento, perdona nuestras transgresiones y nos devuelve nuestra vida. Este amor inigualable nos da la capacidad de experimentar una transformación real y convertirnos en los hombres que Dios quería que fuéramos.

Nunca subestimemos el poder del amor transformador de Dios, hermanos. Es un amor que es insondable y capaz de alterar drásticamente nuestras circunstancias. Que siempre nos esforcemos por comprender plenamente el alcance de Su amor y permitir que influya en nuestras decisiones, hechos e interacciones interpersonales.

ABRAZANDO EL PLAN DE DIOS PARA TU FAMILIA

"Y si es malo en tus ojos servir al Señor, elige este día a quién servirás, ya sean los dioses que sirvieron tus padres en la región más allá del río, o los dioses de los amoritas en cuya tierra moraban. Pero en cuanto a mí y a mi casa, serviremos al Señor". - Josué 24:15 (ESV)

La tarea de guiar a nuestras familias en los caminos del Señor nos ha sido dada como hombres. Debemos decidir conscientemente aceptar el plan de Dios para nuestras familias frente a muchas distracciones y tentaciones.

El verso de Josué es un potente recordatorio de nuestra responsabilidad como líderes espirituales. Al igual que el pueblo de Israel, debemos decidir si servir al Señor con todos nuestros corazones o a los ídolos de este mundo.

Hagamos también la misma proclamación que hizo Josué: "En cuanto a mí y a mi casa, serviremos al Señor". Que nuestras casas sirvan como un refugio donde Dios sea exaltado, su Palabra sea impartida y su amor sea mostrado.

Hagamos, hermanos, que nuestro objetivo diario sea hacer coincidir el plan de Dios para nuestras familias con nuestros corazones y hazas. Al orar, buscar Su dirección y seguir obedientemente Sus instrucciones, podemos dejar un legado de fe que influirá en las generaciones futuras. Que nuestras familias sirvan como un ejemplo de la gracia y el amor de Dios, iluminando el mundo y trayendo gente a Él.

VÍVIR CON LA CONFIANZA DIVINA

"Porque Dios no nos ha dado un espíritu de miedo y timidez, sino de poder, amor y autodisciplina". - 2 Timoteo 1:7 (NLT)

Los hombres lidian con mucha tensión e incertidumbre en sus vidas. Pero la Biblia nos dice que se supone que no debemos vivir con timidez o miedo. Debido a la fuerza, el amor y el autocontrol que emanan de Él, estamos obligados a vivir con una confianza piadosa.

Dios nos ha dado Su Espíritu, lo que nos da la valentía y el coraje para asumir cualquier problema. Esta garantía proviene del poder y el suministro de nuestro Padre Celestial, no de nuestra propia capacidad.

La fe divina depende de Él en todas las circunstancias y cree que cumplirá Sus promesas. Implica desarrollar el amor por Dios y por los demás, aceptar la fuerza que proviene de una vida entregada a Él y practicar el autocontrol para vivir de acuerdo con Su voluntad.

Vamos a liberarnos de las cadenas de la timidez y el miedo hoy. Usemos la fuerza, la compasión y el autocontrol que Dios nos ha otorgado. Podemos capear los altibajos de la vida con una seguridad piadosa, sabiendo que el que nos ha equipado nunca nos abandonará.

LA BENDICIÓN DEL CONSUELO DE DIOS EN LA PÉRDIDA

"Bendito sea el Dios y el Padre de nuestro Señor Jesucristo, el Padre de las misericordias y el Dios de todo consuelo". - 2 Corintios 1:3 (ESV)

La vida incluirá inevitablemente la pérdida. El dolor puede ser bastante intenso, ya sea por la pérdida de un sueño, un ser querido o el final de una relación significativa. Sin embargo, tenemos un Dios que nos consuela a pesar del sufrimiento.

Se dice de Dios que Él es el Dios de todo consuelo y el Padre de las misericordias. Él es consciente de nuestro dolor más profundo y simpatiza con nosotros. Él anhela consolarnos y calmarnos durante nuestro duelo.

Podemos reconfortarnos sabiendo que Dios está cerca, preparado para arrojar sus amorosos brazos a nuestro alrededor cuando estamos pasando por momentos difíciles. Su consuelo está más allá de nuestra comprensión y repara nuestros corazones rotos.

Los hombres a veces tienen la tendencia a enmascarar su sufrimiento y parecen valientes. Pero Dios nos anima a llevarle nuestras heridas para que Él pueda ofrecer el consuelo que solo Él puede.

En medio de nuestra pérdida, refugiémonos en el conocimiento de que servimos a un Dios que nos ama genuinamente, simpatiza con nuestro dolor y nos extiende su presencia amorosa.

DESARROLLANDO UN CORAZÓN DE AGRADECIMIENTO

"Da gracias en todas las circunstancias; porque esta es la voluntad de Dios en Cristo Jesús para ti". - 1 Tesalonicenses 5:18 (ESV)

Es fácil distraerse en el entorno actual y olvidarse de los regalos que nos rodean. Sin embargo, este pasaje sirve como recordatorio de lo crucial que es desarrollar una actitud de gratitud, sin importar cuáles sean nuestras circunstancias.

Hacer un esfuerzo deliberado es necesario para cultivar un corazón agradecido. Implica enseñar nuestros pensamientos a permanecer fijos en la bondad de Dios, incluso frente a la adversidad. Es darse cuenta de que todo el bien se origina en Dios y estar agradecido incluso por las pequeñas cosas de la vida.

Estar agradecidos es una decisión que tomamos independientemente de los desafíos que encontremos. No se basa en nuestra situación. Podemos estar agradecidos incluso cuando nos enfrentamos a dificultades, incertidumbre y tribulaciones. Al estar agradecidos, podemos cambiar nuestro punto de vista y ver que Dios todavía está trabajando, incluso en medio de nuestras dificultades.

Por lo tanto, tomemos la decisión de estar agradecidos en cualquier situación. Que crezcamos para percibir la mano de Dios trabajando en cada área de nuestra vida y cultivar un corazón abundantemente agradecido. Dar gratitud es una forma de vida que nos permite vivir de acuerdo con el plan de Dios para nuestra vida, no solo un gesto.

CONFIAR EN LA GUÍA DE DIOS PARA TOMAR DECISIONES

"Confía en el Señor con todo tu corazón, y no te apoyes en tu propio entendimiento. En todos tus caminos, reconócelo, y él enderezará tus caminos".
- Proverbios 3:5-6 (ESV)

Los hombres con frecuencia tienen que tomar decisiones que podrían tener un impacto duradero en su vida. Es vital confiar en la dirección de Dios en estas circunstancias en lugar de en nuestra comprensión finita.

Renunciar al control de nuestros propios planes, preferencias y deseos a favor de la voluntad del

Señor es una parte necesaria de confiar plenamente en Él. Implica admitir que Su conocimiento es mucho mayor que el nuestro y darle la libertad de guiar nuestros pasos.

Dios dice que enderezará nuestros caminos si lo reconocemos en todo. Incluso si el camino que elegimos puede no coincidir con nuestras propias ideas o preferencias, Él nos guiará y guiará.

Así que pidamos sabiduría a Dios antes de tomar cualquier decisión. Confiemos en Su conocimiento y pongamos nuestra fe en Su sabiduría. Que podamos renunciar al deseo de dictar nuestro propio destino y someternos a Su plan ideal para nuestra vida. Al hacer esto, actuaremos de acuerdo con la voluntad de Dios, lo que nos traerá claridad, calma y confianza.

EMPODERADO POR LA GRACIA: DESCUBRIENDO LA FUERZA EN EL FAVOR LIBRE DE DIOS"

"Pero él me dijo: 'Mi gracia es suficiente para ti, porque mi poder se perfecciona en debilidad'. Por lo tanto, me jactaré con más gusto de mis debilidades, para que el poder de Cristo descanse sobre mí". - 2 Corintios 12:9 (ESV)

Podríamos perder fácilmente de vista el tremendo poder que se encuentra en la gracia de Dios en una sociedad que con frecuencia valora la independencia y la autosuficiencia. Este pasaje sirve como recordatorio de que estamos empoderados en nuestros momentos de debilidad por el favor de Dios, que se proporciona libremente a través de Su gracia.

La gracia de Dios es independiente de nuestro merito o logros. Es un regalo inmerecido que no merece. Y esta gracia tiene una fuerza espiritual que nos ayuda a superar los obstáculos de la vida.

En lugar de ser una causa de vergüenza, nuestras deficiencias sirven como plataformas para que se vea la fuerza de Dios. Su poder puede verse en nosotros cuando aceptamos nuestros límites y confiamos en Su gracia.

Hermanos, aceptemos el poder que proviene de la bondad inmerecida de Dios. Durante nuestros tiempos de debilidad, exaltemos el favor de Dios en lugar de tratar de mejorarnos a nosotros mismos. Podemos enfrentarnos con confianza a cualquier desafío cuando confiamos en Su poder porque sabemos que nos llevará y nos sostendrá.

LA AFIRMACIÓN DE DIOS: SUPERAR LA INSEGURIDAD

"Así que podemos decir con confianza: 'El Señor es mi ayudante; no temeré; ¿qué puede hacerme el hombre?'" - Hebreos 13:6 (ESV)

Muchos chicos luchan con la inseguridad; continuamente se sienten descalificados e incómodos en varias facetas de la vida. Sin embargo, este versículo es un potente recordatorio de que podemos superar la incertidumbre cuando nuestra confianza se basa en Dios.

Nos da consuelo y confianza saber que el Señor es nuestro defensor. No tenemos nada que temer, ya que Él está de nuestro lado. Cuando reconocemos la existencia y la asistencia de nuestro Padre Celestial, las opiniones y los veredictos de los demás no tienen influencia en nosotros.

Buscar la aprobación y la validación de las personas en la tierra es una causa común de inseguridad, pero la afirmación genuina solo puede venir de Dios. Al poner toda nuestra fe en Él y en Su amor firme por nosotros, somos capaces de superar la timidez.

Hermanos, centrémonos más en la verdad de Dios que en la opinión humana. Sus alabanzas son más poderosas que cualquier voz que intente socavarnos. Cuando el Señor está de nuestro lado, podemos estar firmes sabiendo que estamos a salvo en Su amor, aprobados por Él y preparados para enfrentar cualquier inseguridad en el futuro.

Amor ilimitado: presenciar el poder de Dios a través de su amor indestructible"

"Y estoy convencido de que nada puede separarnos del amor de Dios. Ni la muerte ni la vida, ni los ángeles ni los demonios, ni nuestros miedos por hoy ni nuestras preocupaciones por el mañana, ni siquiera los poderes del infierno pueden separarnos del amor de Dios". - Romanos 8:38 (NLT)

El amor de Dios es ilimitado, insondable e irrompible. Es un amor sin fin que perdura en todas las circunstancias. Este pasaje sirve como recordatorio de que nada en toda la creación puede

231

mantenernos aleados del amor incondicional de nuestro Padre Celestial.

Con frecuencia queremos un amor inquebrantable e infalible en un mundo lleno de quebrantamiento, sufrimiento e incertidumbre. Está lleno del amor de Dios. Cuando todo lo demás falla, el amor perdura inquebrantablemente.

El amor de Dios perdura sin importar por lo que pasemos, incluso las profundidades más profundas, las luchas más duras e incluso nuestras propias incertidumbres y miedos. El amor es más fuerte que todas las demás emociones, incluso las más oscuras.

Como hombres, es tanto nuestro honor como nuestro deber demostrar la poderosa fuerza de Dios a través de Su amor inquebrantable. El conocimiento de que el amor de Dios es ilimitado e infalible debería darnos valor. En el nombre del que nos amó por primera vez, que podamos difundir este amor a todos en nuestra vecindad, trayendo esperanza, curación y restauración.

LA BENDICIÓN DE LA SABIDURÍA DE DIOS EN LAS RELACIONES

"Por encima de todo, guarda tu corazón, porque todo lo que haces fluye de él". - Proverbios 4:23 (NVI)

Es importante seguir la guía de Dios y mantener nuestros corazones seguros en todas nuestras relaciones, románticas y platónicas. Este versículo sirve como recordatorio de que nuestras palabras, ideas y hazas fluyen de nuestros corazones. Como tal, proteger nuestros corazones de influencias dañinas y rutinas tóxicas es crucial.

La sabiduría de Dios ofrece discreción y perspicacia para gestionar las relaciones de una manera positiva y satisfactoria. Nos instruye a enfatizar el amor y el perdón, a hablar honesta y abiertamente, y a valorar y respetar a los demás.

Ser consciente de las influencias que dejamos entrar en nuestra vida, como las personas con las que elegimos rodearnos, los medios que consumimos y los lugares con los que elegimos pasar el rato, es esencial para proteger nuestros corazones. Implica establecer límites y ser conscientes de cómo nuestras actos y actitudes afectan a la salud de nuestras asociaciones.

Hermanos, mientras negociamos las complejidades de las relaciones, busquemos la guía de Dios. Que protejamos nuestros corazones, sometiéndoselos a Su dirección para que Su gracia y amor pasen a través de nosotros. Podemos disfrutar de los beneficios de las relaciones felices y saludables cuando conectamos nuestros corazones con los de Dios.

EL DISEÑO DE DIOS: FORTALECIMIENTO DE LOS MATRIMONIOS

"Esposos, amad a vuestras esposas, así como Cristo amó a la iglesia y se dio a sí mismo por ella".
- Efesios 5:25 (NVI)

Dios creó el matrimonio como una relación sagrada, y como maridos, es nuestra responsabilidad mantener este compromiso. Este versículo sirve como recordatorio para amar a nuestros cónyuges de la manera desinteresada y auto sacrificada que Cristo demostró para la iglesia.

En nuestros matrimonios, se espera que los hombres sigan el ejemplo de Cristo. El amor de Cristo renunció voluntariamente a todo por el bien de la expansión y el bienestar de la iglesia; no era condicional ni dependía de la conveniencia. Del mismo modo, debemos amar a nuestros cónyuges sin condiciones y priorizar sus necesidades sobre las nuestras. De la misma manera que Cristo sirvió, debemos atesorarlos y protegerlos.

Fortalecemos y apoyamos de manera resiliente el matrimonio cuando aceptamos el propósito de Dios para él. Al poner a nuestros cónyuges en primer lugar y mostrar amor desinteresado, fomentamos una atmósfera de cercanía, seguridad y confianza.

Como Cristo ama a la iglesia, apuntemos siempre a amar a nuestros cónyuges. Que nuestros matrimonios proporcionen una base sólida para el desarrollo, la armonía y la alegría, un espejo del amor y la bondad de Dios.

CONQUISTANDO EL MIEDO CON EL AMOR INQUEBRANTABLE DE DIOS

"No hay miedo en el amor. Pero el amor perfecto expulsa el miedo, porque el miedo tiene que ver con el castigo. El que teme no es perfeccionado en el amor". - 1 Juan 4:18 (NVI)

El miedo es un sentimiento fuerte que puede impedirnos avanzar e inmovilizarnos. Habla de falsedades, nos asegura que somos incapaces y siembra dudas en nuestras almas. Sin embargo, este pasaje sirve como recordatorio de que el miedo no puede superar el amor inquebrantable de Dios.

No hay lugar para que el miedo resida en el amor puro de Dios. El miedo comienza a desvanecerse de nuestros corazones cuando nos damos cuenta de lo mucho que Él nos ama. Llegamos a entender que tenemos un Padre amoroso que nos cuida y nos protege, no estamos solos.

Como hombres, podemos enfrentar nuestras preocupaciones con coraje porque sabemos que podemos vencer cualquier desafío gracias al amor de Dios. Nuestra identidad se deriva del amor y la fuerza de nuestro Dios, no de nuestras preocupaciones.

Resistámonos a ceder a las voces temerosas que quieren detenernos. Más bien, aceptemos el amor impecable de nuestro Padre Celestial y permitamos que disipe nuestro miedo y nos dé la confianza y la fortaleza para seguir adelante. El amor inquebrantable de Dios nos empodera para superar todos los obstáculos en nuestro camino.

LLEVAR UNA VIDA CON PROPÓSITO

"Y le ha dado autoridad para ejecutar el juicio, porque es el Hijo del Hombre". - Juan 5:27 (ESV)

Los hombres a menudo se encuentran buscando dirección y significado en la vida. Nuestro objetivo es tener una vida impactante y significativa que marque la diferencia. Jesús nos dice en este pasaje que, como Él es el Hijo del Hombre, tiene derecho a administrar el juicio.

El primer paso para hacer realidad nuestra misión es reconocer que somos hijos de Dios, llamados por Dios a servir. Como descendientes del

Alto, a nosotros también se nos concede autoridad, al igual que Jesús.

Debemos conectar nuestras emociones y acciones con la voluntad de Dios si queremos vivir una existencia que valga la pena. Es un honor para nosotros tener un impacto positivo en la vida de las personas y encarnar la justicia y el amor de Dios en todo lo que hacemos.

Tenemos el poder de liderar, efectuar un cambio permanente y crear un buen cambio gracias a Jesús. Como hombres de Dios, aceptemos nuestro papel y usemos nuestras habilidades y talentos para honrar a Dios y contribuir al establecimiento de Su Reino en la Tierra.

USAR LA SABIDURÍA DE DIOS PARA SUPERAR LAS DIFICULTADES DE CRIANZA

"Si alguno de ustedes carece de sabiduría, que le pida a Dios, que da generosamente a todos sin reproche, y se le dará". - Santiago 1:5 (ESV)

Como padres, es posible que de vez en cuando nos sintamos cualificados e inseguros sobre las mejores opciones para nuestros hijos. Pero como deja claro este pasaje, Dios es una fuente de perspicacia que da libremente. Podemos rezarle y pedirle su dirección cuando no lo entendemos.

241

La sabiduría de Dios supera nuestra comprensión finita. Nos proporciona percepciones, juicios y respuestas que están más allá de nuestra comprensión. Se compromete a dar una idea a cualquiera que lo pida, sin contenerse ni juzgar.

Reconozcamos la necesidad de la guía de Dios en nuestro camino de crianza. En lugar de depender exclusivamente de nuestra propia comprensión, humillémonos y sigamos su dirección. Él nos dará el discernimiento necesario para manejar las pruebas y tribulaciones de la crianza de los hijos mientras nos comunicamos con Él.

Podemos dirigir con confianza a nuestras familias, tomar decisiones informadas y crear hogares amorosos y piadosos cuando usamos el conocimiento de Dios como nuestra brújula.

RENDIRSE QUIERE SEGUIR LA VOLUNTAD DE DIOS

"Entonces Jesús les dijo a sus discípulos: 'Si alguien viniera detrás de mí, que se negara a sí mismo y tomara su cruz y me siguiera'". - Mateo 16:24 (ESV)

Los hombres son conocidos por tener fuertes pasiones y aspiraciones. Nuestros objetivos son el disfrute, la comodidad y el éxito. Pero este versículo también sirve como recordatorio de que hacer la voluntad de Dios significa dejar de usar nuestros propios deseos.

243

El verdadero discipulado requiere que nos neguemos a nosotros mismos. Esto implica dejar de lado nuestros objetivos personales, deseos mundanos y planes. Implica darse cuenta de que los caminos de Dios son superiores a los nuestros y que, al final, Su plan para nuestra vida es superior a cualquier cosa que podamos desear.

Aceptar nuestra cruz representa nuestra disposición a hacer sacrificios para avanzar en el evangelio. Puede incluir dejar ir las pertenencias materiales, el orgullo o la comodidad. Vivir de acuerdo con el propósito de Dios requiere una entrega completa de nuestra voluntad.

Hermanos, aceptemos la invitación a seguir plenamente a Jesús en lugar de dejar que nuestros propios deseos gobiernen nuestras vidas. Para vivir una vida aceptable para Dios, podemos negarnos a nosotros mismos, tomar nuestra cruz y renunciar a nuestros deseos. Cosecharemos los abundantes beneficios de caminar en Su voluntad cuando hagamos esto.

CONFIAR EN LA FIDELIDAD INQUEBRANTABLE DE DIOS DURANTE LA ADVERSIDAD

"El amor firme del Señor nunca cesa; sus misericordias nunca llegan a su fin; son nuevas cada mañana; grande es tu fidelidad". - Lamentaciones 3:22-23 (ESV)

Hay muchos altibajos, victorias y derrotas, placeres y tragedias en la vida. Es fácil sentirse abrumado y perder la esperanza cuando se enfrenta a las dificultades. Sin embargo, este pasaje sirve como un recordatorio de la fidelidad constante de Dios, incluso en las circunstancias más difíciles.

Pase lo que pase, el amor de Dios nunca vacila. Sus misericordias nunca caducan y se renuevan todas las mañanas. Es increíblemente confiable; nunca vacila ni falla. Podemos depender del amor y la fidelidad inquebrantables de Dios, incluso ante la incertidumbre en el mundo.

Es esencial tener en cuenta que Dios está a nuestro lado en los momentos difíciles. Nunca falla en su presencia ni en sus promesas. Saber que Él nunca nos dejará nos da coraje y paz.

Dejemos, hermanos, poner nuestra fe en la constancia inquebrantable de Dios. Asgámonos a Sus promesas y encontremos consuelo en Su amor en tiempos difíciles. Cada tormenta pasará, y Su fidelidad nos llevará a triunfar.

ACEPTAR EL DISEÑO DE DIOS PARA TUS CÍRCULOS SOCIALES

"Entonces, cuando tengamos la oportunidad, hagamos el bien a todos, y especialmente a aquellos que son de la casa de la fe". - Gálatas 6:10 (ESV)

Los hombres tienden a ser quisquillosos con las personas con las que pasan el tiempo. Las personas con intereses, ideales o historias comparables pueden tender a atraernos. Este versículo, sin embargo, sirve como recordatorio de lo crucial que es aceptar el plan de Dios para nuestras redes sociales.

Dios nos ordena tratar a todos con los que entremos en contacto con compasión y amabilidad.

Si bien es fácil amar a aquellos que son similares a nosotros, también tenemos el deber de extender el amor y el apoyo a aquellos que pueden ser diferentes. Nuestros hermanos y hermanas en Cristo están incluidos en esto.

Es esencial cultivar conexiones saludables dentro del hogar de la religión. En nuestro camino espiritual, debemos elevarnos, ayudarnos y animarnos unos a otros. Estas conexiones nos proporcionan una expresión concreta y ayuda en nuestro desarrollo espiritual del amor de Dios.

No limitemos a las personas de nuestros círculos sociales solo a aquellos que comparten nuestros intereses. Más bien, esforcémonos deliberadamente por salir de nuestras zonas de confort y mostrar amor a todos. Podemos experimentar la riqueza y la diversidad del cuerpo de Cristo a través de relaciones sinceras y al continuar siendo receptivos a la dirección de Dios.

EL PODER CURATIVO DEL TACTO DE DIOS

"Ninguna tentación te ha superado que no sea común para el hombre. Dios es fiel, y no te dejará ser tentado más allá de tu capacidad, pero con la tentación también proporcionará el camino de escape, para que puedas soportarlo". - 1 Corintios 10:13 (ESV)

Las adicciones tienen el poder de apoderarse de nuestra vida y encarcelarnos en un ciclo destructivo de conducta. Sin embargo, este pasaje nos da esperanza y sirve como recordatorio de que no nos enfrentamos a nuestros problemas solos. Dios nos

249

asegura que todo el mundo se ha encontrado con la tentación; no estamos solos en nuestras luchas.

Nuestro amarre en medio de la adicción es el amor inquebrantable de Dios. Él garantiza que no nos someterá a una tentación que no podamos soportar. Ofrece un medio para escapar de las garras de la adicción, que es nuestra fuente de fuerza.

Podemos experimentar momentos de debilidad y tentación en nuestra búsqueda para vencer la adicción. Pero podemos tomar consuelo en el conocimiento de que Dios está a nuestro lado todo el tiempo, proporcionando Su fuerza y gracia para ayudarnos a soportar el seno de nuestros vicios.

Podemos escapar de los lazos de la adicción con la ayuda de Dios. A medida que recorremos el camino de la curación, confiemos en Su fiabilidad, aferrémonos a Sus promesas y pidamos Su dirección. Somos capaces de lograr la restauración, la curación y una vida libre de los grilletes de la adicción debido a Su fuerza.

DESCUBRIENDO LA FELICIDAD EN LA PRESENCIA DE DIOS

"¡Felices son las personas cuyo Dios es el
Señor!" - Salmo 144:15 (NKJV)

Con frecuencia buscamos fuentes externas de satisfacción, como relaciones, logros o pertenencias materiales. Pero la felicidad que dura, la felicidad genuina, solo se puede experimentar en la presencia de Dios.

De acuerdo con esta escritura, las personas que tienen sus corazones plenamente comprometidos con el Señor son genuinamente afortunadas y contentas. Hacer de Dios el foco de nuestra vida, buscar Su

251

voluntad y caminar por Sus caminos, resulta en una satisfacción profunda y satisfactoria que supera cualquier disfrute fugaz que este mundo pueda proporcionar.

Aceptar nuestra relación con Dios es el primer paso para encontrar satisfacción en Su presencia. Al desarrollar una relación fuerte e íntima con nuestro Creador, nos abrimos a una fuente de felicidad que trasciende las situaciones transitorias.

Cualesquiera que sean las dificultades o tribulaciones que podamos encontrar, la presencia de Dios ofrece consuelo, serenidad y un placer infalible. A medida que descubrimos el verdadero disfrute que solo se puede experimentar en Su presencia, que busquemos continuamente Su rostro y hagamos coincidir nuestros corazones con los suyos.

LA GRACIA DE LA TOLERANCIA DE DIOS

"Pero Dios demuestra su propio amor por nosotros en esto: mientras éramos pecadores, Cristo murió por nosotros". - Romanos 5:8 (NVI)

La idea de la gracia y la paciencia de Dios es asombrosa e inspiradora. Esta línea de Romanos sirve como recordatorio del amor insondable de Dios por nosotros, que se muestra en la expiación de Su Hijo, Jesucristo.

El amor de Dios no depende de nuestra perfección o justicia. De hecho, Dios nos extendió Su gracia precisamente por nuestra situación pecinosa.

253

Cristo dio voluntariamente su vida para salvarnos cuando todavía estábamos profundamente en pecado.

Este poema es un potente recordatorio de la amplitud y profundidad del amor de Dios. Demuestra su amabilidad y resistencia hacia nosotros a pesar de nuestras deficiencias y errores. Es evidencia de su firme compromiso y de su anhelo de paz.

Que nunca subestimemos la generosidad de paciencia de Dios. Busquemos vivir de una manera que refleje el sacrificio hecho en nuestro nombre mientras aceptamos humildemente Su perdón. Se nos da la esperanza, la curación y la transformación que solo Él puede dar por Su gracia.

FOMENTAR UN CORAZÓN PERSISTENTE

"Porque Dios nos dio un espíritu no de miedo, sino de poder, amor y autocontrol". - 2 Timoteo 1:7 (ESV)

Se nos ordena, como hombres de fe, que tengamos un corazón inquebrantable y persistente que busque la voluntad de Dios para nuestra vida. Este versículo sirve como recordatorio de que Dios nos ha dotado del espíritu de fuerza, amor y autocontrol, dándonos la capacidad de perseverar a través de las pruebas y mantener nuestra fe.

En un mundo incierto, el temor puede apoderarse de nuestras emociones con facilidad. Sin embargo, se nos recuerda que la vida de un creyente está desprovista de temor. Podemos enfrentarnos a nuestras preocupaciones y aventurarnos sin miedo a lo desconocido porque la fuerza de Dios reside dentro de nosotros.

Las experiencias amorosas de Dios nos dan el coraje y la tenacidad para seguir adelante. Incluso cuando todo parece estar en contra de nosotros, somos capaces de perseverar gracias a Su amor inquebrantable. Este amor es lo que nos mantiene en marcha y nos da la fuerza de voluntad para seguir avanzando.

Además, Dios nos ha dado la capacidad de ejercer el autocontrol. Con la ayuda de este regalo, somos capaces de controlar nuestros pensamientos, sentimientos y comportamiento y tomar decisiones morales que complacen a Dios. Adquirimos resistencia y resiliencia frente a la adversidad mediante el autocontrol.

Cultivemos un corazón inquebrantable, basado en el poder, el amor y la moderación de Dios. A medida que negociamos los desafíos de la vida, podemos superar nuestras ansiedades, aceptar Su amor y practicar el autocontrol.

CONFIAR EN EL SUSTENTO DE DIOS EN TIEMPOS DIFÍCILES

"Y mi Dios proveerá todas las necesidades tuyas de acuerdo con sus riquezas en la gloria en Cristo Jesús". - Filipenses 4:19 (ESV)

A veces, los obstáculos y problemas inesperados en la vida nos dejan sintiéndonos indefensos y poco claros sobre cómo seguir adelante. Es importante tener en cuenta que no estamos solos en esos momentos. Dios promete proveer todas nuestras necesidades de su amor y generosidad sin límites.

Este pasaje de Filipenses nos da consuelo al saber que nuestro padre celestial es consciente de nuestros deseos y les provee lo suficiente. Los recursos ilimitados de Dios se hacen accesibles para nosotros a través de Cristo Jesús, ya sea en forma de consejo, ayuda financiera, fuerza física o apoyo emocional.

La constancia de Dios y la amplitud de Su amor por nosotros se sacan a la luz cuando confiamos en Él para nuestra nutrición en tiempos difíciles. Nos muestra que incluso en situaciones aparentemente sin esperanza, podemos poner nuestra fe en Su tiempo y provisión.

Los hombres pueden experimentar una serie de dificultades que ponen a prueba nuestra fe. Sin embargo, pongamos nuestra fe en el poder sustentador de Dios y permitamos que Él sea nuestra fuerza y refugio en medio de todo. Saber que Él siempre nos proveerá nos permite descubrir verdaderamente la fuerza y la serenidad.

CONQUISTA LA DUDA POR LA FE EN LAS PROMESAS DE DIOS

"Ahora la fe es la seguridad de las cosas que se esperan, la convicción de las cosas que no se ven". - Hebreos 11:1 (ESV)

Al ser un enemigo persistente, la duda puede infiltrarse en nuestros pensamientos y sembré pensamientos dudosos. Tiene el poder de romper nuestra fe y robar la alegría y la serenidad que provienen de poner nuestra confianza en las promesas fue Dios. Sin embargo, este versículo sirve como recordatorio de que la incertidumbre puede ser venerada por la fe.

La fe es confianza y convicción en las cosas que se esperan, pero aún no se ven; no es ciega. Es una fuerte convicción que Dios cumple su palabra, especialmente frente a circunstancias aparentemente desfavorables.

Debemos consultar la Palabra de Dios y recordarnos a nosotros mismos su fidelidad inquebrantable cada vez que entren dudas. Podemos recurrir a Él en su dirección, lanzar nuestras incertidumbres ante Él y poner nuestra fe en Sus promesas cuando nos sintamos inseguros.

Podemos superar la duda por la fe y disfrutar de la serenidad, la felicidad y la seguridad que provienen de confiar en la Palabra de Dios. Nunca dejemos de fortalecer nuestra fe, que se basa en las promesas hechas por nuestro obediente Dios, y caminando en la certeza de su amor inquebrantable.

EXHIBIENDO CORAJE DIVINO

"Sé fuerte y valiente. No tengas miedo; no te desanimes, porque el Señor tu Dios estará contigo dondequiera que vayas". - Josué 1:9 (NVI)

Los hombres se encuentran con frecuencia con dificultades e incógnitas que podrían hacernos sentir ansiosos y desanimados. Sin embargo, este pasaje de Josué nos recuerda que cuando Dios está en nuestra vida, podemos tener acceso a un espíritu intrépido.

Dios mismo nos ordena que seamos fuertes y audaces; no es solo una recomendación. Nos exhorta a tener valor y a seguir adelante a pesar de nuestros miedos y desánimos. ¿Por qué? Porque no importa a dónde nos lleve nuestro camino, Él permanece a nuestro lado todo el tiempo.

Ponemos nuestra confianza en la certeza de que servimos a un Dios fuerte, fiel y soberano cuando actuamos con valentía piadosa. Al tener fe en Su inquebrantable presencia, podemos reunir el coraje para enfrentar nuestras ansiedades, superar los obstáculos y dar la bienvenida a las oportunidades que presenta la vida.

Vamos a superar nuestros miedos e incertidumbre y perseguir con confianza los objetivos que Dios pretende para nuestra vida. Podemos enfrentar nuestras ansiedades, atravesar lo desconocido y llevar a cabo nuestro propósito con una valentía y confianza inquebrantables cuando el Señor está a nuestro lado.

EL SIGNIFICADO DE LA MISERICORDIA DE DIOS

"Porque deseo un amor inquebrantable y no un sacrificio, el conocimiento de Dios en lugar de ofrendas ardientes". - Oseas 6:6 (ESV)

Es fácil colocar actos exteriores y rituales religiosos por encima del estado de nuestras emociones en medio del caos de la vida. Sin embargo, este pasaje de Oseas aclara lo que Dios valora, sobre todo.

Dios quiere amor verdadero, no solo ofrendas simbólicas. Él anhela un vínculo sincero basado en la misericordia, el amor y la compasión con cada uno de nosotros. Prefiere un corazón que vaya más allá de simplemente hacer rituales religiosos para conocerlo profundamente.

La importancia de la bondad de Dios es inconmensurable. Sirve como recordatorio de que la misericordia de Dios siempre está disponible para nosotros, independientemente de lo lejos que hayamos llegado o de cuántos errores hayamos cometido. Es un regalo que marca el comienzo, el perdón y la reparación.

Como hombres, busquemos una conexión genuina y profunda con Dios en lugar de concentrarnos solo en exhibiciones externas de piedad. Que seamos misericordiosos con los demás, amando y cuidando a los demás en lo que sea que hagamos. Que podamos ser moldeados por la importancia de la bondad de Dios y pasar por una transformación interna.

SUPERAR LAS ADICCIONES POR LA FE EN EL PODER DE DIOS

"Porque todos los nacidos de Dios vencen al mundo. Esta es la victoria que ha vencido al mundo, incluso a nuestra fe". - 1 Juan 5:4 (NVI)

Las adicciones tienen la capacidad de ser fuertes, consumidoras y paralizantes. Tienen el poder de encarcelarnos y ser impotentes. Sin embargo, Dios nos dice en este pasaje que podemos vencer cualquier desafío en esta vida, incluso la adicción, si tenemos fe.

Nuestro éxito depende de nuestra confianza en la capacidad de Dios. Tenemos la fortaleza y la

265

resistencia para enfrentar las tentaciones y dificultades que el mundo nos presenta porque hemos nacido de Dios. Este triunfo es el resultado de nuestra constante fe en Dios, no de nuestra propia fuerza o determinación.

Confiemos en la fuerza y la gracia de Dios frente a la adicción. Podemos liberarnos de los lazos de la adicción y lograr la libertad y la curación si basamos nuestras acciones en nuestras creencias. Aunque el viaje puede presentar desafíos, podemos tener confianza en que nuestra confianza en la capacidad de Dios nos permitirá superar nuestros obstáculos. Aferrémonos a esta promesa mientras perseguimos valientemente nuestra recuperación de la adicción.

EL BENEFICIO DE LA PRESENCIA SANADORA DE DIOS

"Él cura a los que tienen el corazón roto y ata sus heridas". - Salmo 147:3 (ESV)

La presencia de Dios es una realidad genuina y palpable que promueve la curación y la reconstrucción, no solo una idea consoladora. Se nos recuerdan las inconmensurables ventajas de la presencia sanadora de Dios en esta línea del Salmo 147.

Nuestros corazones a menudo están marcados por las penas, la angustia y las decepciones del pasado porque vivimos en un mundo roto y herido.

Sin embargo, Dios no nos abandona en nuestro pecado. Él es el curandero definitivo, preparado para vendar nuestras heridas y curar nuestros corazones rotos.

Dios sana las partes más profundas de nuestras almas con su amor, amabilidad y misericordia. Él simpatiza con nosotros y es consciente de nuestro sufrimiento. Descubrimos un refugio en Su presencia, donde Su toque divino cura nuestras heridas y transforma nuestro quebrantamiento en la totalidad.

La presencia sanadora de Dios trae esperanza y restauración a aquellos que luchan con las cicatrices emocionales, la ruptura de las relaciones o el vacío espiritual. Buscar su presencia le permitirá reparar y revitalizar cada aspecto de nuestra existencia. Mientras Dios repara nuestros corazones heridos, que conozcamos el poder transformador de Su amor.

USAR LA LEALTAD PARA FORTALECER LAS AMISTADES

"Un amigo ama en todo momento, y un hermano nace para la adversidad". - Proverbios 17:17 (ESV)

Dios nos ha dado el inestimable regalo de la amistad. Tienen el poder de elevarnos, consolarnos y apoyarnos. Este pasaje de Proverbios sirve como un recordatorio útil del valor de la lealtad en el establecimiento y la preservación de este tipo de conexiones.

La amistad genuina trasciende las relaciones fugaces. Un amigo fiel es alguien con quien siempre podemos contar para estar ahí para nosotros en los buenos y en los malos momentos. Están ahí para compartir nuestros éxitos y brindar apoyo cuando más lo necesitamos.

Se espera que seamos amigos devotos como chicos. Nuestra devoción puede actuar como una fuerza estabilizadora para las personas que nos rodean en una sociedad donde las conexiones a menudo son erráticas y de corta duración. Nuestra firme dedicación y apoyo son los que nos permiten crear conexiones duraderas.

Fomentemos la lealtad de las relaciones siendo confiables, desinteresados y dignos de confianza. Que vayamos más allá para ser el tipo de amigos que Dios nos ha mostrado, mostrándoles nuestro amor y preocupación. La lealtad puede ayudarnos a forjar lazos duraderos con nuestros amigos que honrarán a Dios y harán que nuestras vidas sean más satisfactorias.

ACEPTAR EL PLAN DE DIOS PARA TU SITUACIÓN FINANCIERA

"Y mi Dios proveerá todas las necesidades tuyas de acuerdo con sus riquezas en la gloria en Cristo Jesús". - Filipenses 4:19 (ESV)

La ansiedad y la tensión son provocadas con frecuencia por nuestra situación financiera. Nuestras preocupaciones pueden incluir alcanzar nuestros objetivos financieros, apoyar a nuestra familia o simplemente apenas pasar. Este texto de Filipenses nos recuerda que Dios ha prometido satisfacer todas nuestras necesidades en medio de estas preocupaciones.

Dios, que es rico y glorioso en abundancia, no se ve afectado por nuestras dificultades financieras. Promete usar sus recursos ilimitados para satisfacer todas nuestras necesidades. Podemos confiar en Él para satisfacer todas nuestras necesidades: necesidades diarias, costos imprevistos y nuestras aspiraciones más profundas.

Dar a Dios el control sobre nuestros miedos y ansiedades es necesario para aceptar su plan para nuestras circunstancias financieras. Implica admitir que Dios está a cargo y que ha preparado un regalo especial para cada uno de nosotros.

Y tomemos consuelo en el conocimiento de que Dios es nuestro último proveedor, incluso mientras buscamos Su sabiduría y dirección en el manejo de nuestras finanzas. Él lidera el camino, despejando el camino para la abundancia, la provisión y la seguridad financiera. Podríamos encontrar serenidad, felicidad y una mayor dependencia de Su cuidado confiable cuando pongamos nuestra confianza en Sus recursos.

MANEJAR EL DESACUERDO CON EL AMOR DE DIOS

"Un nuevo mandamiento que te doy: Ámense los unos a los otros. Como yo os he amado, así debéis amaros unos a otros". - Juan 13:34 (NVI)

Los conflictos y desacuerdos siempre surgirán en nuestras relaciones, con Dios y con otras personas. Pero estamos llamados, como hombres de fe, a tratar estas diferencias con el amor que Dios ha demostrado.

Jesús nos ofrece un nuevo mandamiento en este versículo: amarnos unos a otros. Él establece la norma de cómo debemos manejar los conflictos: con amor, tal como Él nos ha amado. Este amor es desinteresado, compasivo e indulgente; no requiere acuerdo ni consenso.

Podemos reaccionar con orgullo, ira o rabia cuando nos enfrentamos a ideas opuestas. Pero de acuerdo con el ejemplo de Jesús, debemos responder de una manera amorosa. Podemos reducir las tensiones, promover la comprensión y trabajar hacia la unanimidad frente al conflicto al hacer esto.

Recordemos que nuestra capacidad de mostrar amor a aquellos con los que no estamos de acuerdo es una indicación de nuestro propio amor por Dios. El amor, la gracia y el respeto por los demás son la forma en que obedecemos su mandato y dejamos que su amor se muestre en nuestras vidas. Que nos acerquemos a los conflictos con la amabilidad y la humildad que provienen de conocer y convertirnos en seguidores de Jesús.

DEJAR DE LADO LAS PREOCUPACIONES FUTURAS

"No te preocupes por nada, pero en todo, mediante la oración y la súplica con acción de gracias, que tus peticiones se den a conocer a Dios".
- Filipenses 4:6 (ESV)

Los hombres a menudo se ven abrumados por ansiedades y ansiedad por lo que hay por venir. Podríamos estar preocupados por nuestras relaciones, ingresos, carreras o salud. Pero Dios nos está llamando a poner nuestra fe en Él y dejar de lado nuestros miedos.

Este texto de Filipenses nos insta a ofrecer nuestras preocupaciones a Dios a través de la oración en lugar de dejar que nos preocupen. Se nos exhorta a hacerle peticiones, a comunicar nuestros deseos y requisitos mientras mantenemos una actitud de gratitud.

Reconocemos la soberanía de Dios y nuestra capacidad de ser guiados y provistos cuando le damos nuestras ansiedades. El conocimiento de que nada es demasiado grande o poco para que Él lo gestione nos da consuelo. Siempre está dispuesto a escuchar nuestras peticiones y responderlas.

Se necesita fe para dejar de lado las preocupaciones sobre el futuro y confiar en el conocimiento y los propósitos de Dios. Saber que Él tiene el control nos permite sentirnos cómodos y seguros cuando le damos nuestras ansiedades. Confía en Su fidelidad y encuentra consuelo al saber que Él está cuidando de nosotros.

CONFIAR EN LA AUTORIDAD DE DIOS EN DIFICULTADES

"Esté quieto y sabe que soy Dios. ¡Seré exaltado entre las naciones, seré exaltado en la tierra!" - Salmo 46:10 (ESV)

Con frecuencia nos sentimos indefensos y abrumados cuando nos enfrentamos a obstáculos y problemas. Sin embargo, este pasaje nos insta a someternos al gobierno de Dios y permanecer quietos. Él es el Dios todopoderoso que gobierna todo, y mantiene el control incluso cuando nos enfrentamos a dificultades.

277

Es fácil depender de nuestra propia fortaleza y sabiduría cuando nos enfrentamos a desafíos e incertidumbre. Pero este pasaje nos pide que nos detengamos, que apelemos nuestras emociones y que confesemos que Dios está a cargo. Podemos sentirnos seguros y a gusto en Su gobierno.

Recordémonos la fuerza y la constancia de Dios cuando las cosas se ponen difíciles. Además de trabajar para nuestro beneficio y su gloria, Él se eleva por encima de todos los pueblos y de la superficie de todo el planeta. Para superar nuestras dificultades, podemos poner nuestra confianza en Su autoridad.

Que le demos a Dios nuestros problemas, reconociendo Su poder y poniendo nuestra fe en Su plan perfecto. Saber que Él está con nosotros en cada paso del viaje nos da la fuerza para vencer los desafíos mientras nos relajamos en Su presencia.

DESCUBRIENDO LA CALMA EN LA PRESENCIA DE DIOS

"Esté quieto y sabe que soy Dios. ¡Seré exaltado entre las naciones, seré exaltado en la tierra!" - Salmo 46:10 (ESV)

Podría ser difícil encontrar una sensación de tranquilidad en nuestro entorno agitado y de ritmo rápido. Estamos sobrecargados de obligaciones, demandas y desviaciones que nos tiran de nosotros en todas las direcciones. Pero en medio de este caos, Dios nos invita a encontrar la serenidad en Su presencia.

Se nos recuerda que debemos mantener la calma y reconocer que Dios existe en esta línea del Salmo 46. Podemos sentir genuinamente la serenidad de Dios y descansar en el silencio, en los momentos pacíficos de parada y contemplación. Un período deliberado de quietud ante Él podría ayudarnos a escapar de la cacofonía del mundo que nos rodea.

Podemos sentirnos seguros sabiendo que nuestro Dios Todopoderoso está a cargo mientras estamos en Su presencia. Él está elevado por encima de todo, y encontramos paz y consuelo en Su poder y majestad. Hagamos del silencio y el silencio una prioridad para que Dios pueda hablar a nuestros corazones y envolvernos en Su serenidad. Podemos experimentar una paz que está más allá de la comprensión mientras estamos en Su presencia.

EL PODER TRANSFORMADOR DEL AMOR DE DIOS

"Porque estoy seguro de que ni la muerte, ni la vida, ni los ángeles, ni los gobernantes, ni las presentes, ni las cosas por venir, ni los poderes, ni la altura, ni la profundidad, ni nada más en toda la creación, podrán separarnos del amor de Dios en Cristo Jesús nuestro Señor". - Romanos 8:38-39 (ESV)

No hay límites para el poder transformador del amor de Dios. Este pasaje de Romanos sirve como un recordatorio de que nada en este mundo puede separarnos del amor ilimitado y consumidor de Dios.

Nos consuela saber que el amor de Dios es inmutable e inflexible, incluso en tiempos de incertidumbre, miedo o desesperación. Nos abraza con Su gracia y salvación desde el fondo de nuestros corazones.

El amor de Dios tiene el poder de cambiar nuestras vidas, reparar nuestra ruptura y reavivar nuestra esperanza. Trasciende todas las condiciones de la tierra y supera todas las barreras.

Como hombres, podemos experimentar dificultades, contratiempos o momentos de vulnerabilidad. Sin embargo, aferrémonos al conocimiento de que el amor de Dios trasciende todo lo que experimentamos. Su amor tiene la capacidad de traer rejuvenecimiento, cambio y una existencia feliz y satisfactoria.

Acepta la fuerza transformadora del amor de Dios y deja que influya en todas las facetas de tu vida. Permite que Su amor dirija tus elecciones, repara tus cicatrices y te dé la fuerza para vivir una vida que ejemplifique Su amabilidad y generosidad.

EL PERDÓN DE DIOS COMO MEDIO PARA SUPERAR LA AMARGURA

"Sed amables el uno con el otro, de corazón tierno, perdonándose el uno al otro, como Dios en Cristo los perdonó". - Efesios 4:32 (ESV)

Cuando nos negamos a perdonar y aferrarnos a los rencores, la amargura puede ser en nuestros corazones. Nos come gradualmente, corrompiendo nuestras relaciones e impidiendo nuestro desarrollo personal. Sin embargo, Dios nos proporciona perdón como cura para nuestro resentimiento.

Este texto nos exhorta a emular el perdón de Dios, que Él mostró ofreciendo a Su Hijo, Jesucristo, como un sacrificio. Se nos ordena tratar a las personas con amabilidad, ternura y perdón, tal como Dios ha hecho por nosotros.

Podemos liberarnos del peso del resentimiento tomando la decisión de perdonar. Es una forma de superar el ciclo de resentimiento y sanar. Sin embargo, no siempre es fácil perdonar. Se necesita coraje, humildad y el conocimiento de que Dios también nos ha perdonado a todos.

Miremos al ejemplo de perdón de Dios cuando nuestra propia amargura amenaza con abrumarnos. Por Su gracia, podemos mostrar perdón a aquellos que nos han hecho daño, y al hacerlo, podemos conquistar el resentimiento y descubrir el potencial que cambia la vida del perdón de Dios.

VÍVIR CON LA CONFIANZA DIVINA

"Porque Dios no nos ha dado un espíritu de miedo, sino de poder, de amor y de una mente sana". - 2 Timoteo 1:7 (NKJV)

Ser un hombre de fe requiere tener una confianza divina en la vida de uno. Este pasaje de 2 Timoteo sirve como recordatorio de que Dios nos ha dado un espíritu de fuerza, amor y buen razonamiento en lugar de uno de temor.

Los hombres con frecuencia tienen dificultades, dudas e incluso inseguridades que pueden erosionar su confianza en sí mismos. Pero el poder de Dios nos recuerda que nuestra identidad está fundada en el poder de Dios, no en el miedo. Podemos enfrentarnos a cualquier circunstancia con valentía y audacia porque Él está dentro de nosotros.

Somos capaces de superar nuestras insuficiencias e incertidumbres gracias al amor de Dios. Podemos caminar con renovada confianza cuando aceptemos Su amor porque sabemos que nuestro Padre Celestial nos valora y nos aprecia.

Dios también nos da un intelecto claro, lo que nos permite tomar decisiones con claridad, conocimiento y perspicacia. Podemos poner nuestra confianza en Su dirección, sabiendo que Él nos guiará en la dirección correcta.

Vivamos con confianza en Dios, dependiendo de Su fuerza, amor y sabiduría. Que caminemos con confianza y valentía, entendiendo que estamos fortalecidos por el Dios Todopoderoso que está constantemente a nuestro lado.

EL REGALO DEL CONSUELO DE DIOS EN EL DOLOR

"Aunque camine por el valle de la sombra de la muerte, no temeré el mal, porque tú estás conmigo; tu vara y tu bastón, me consuelan". - Salmo 23:4 (ESV)

Un viaje a través de valles oscuros y amargos es lo que es el dolor. Nuestros corazones sangran en este momento, y nuestras almas anhelan consuelo. Dios promete estar allí y proporcionar consuelo en medio de tal dolor.

El salmista nos recuerda que Dios está con nosotros, por lo que no necesitamos temer, ni siquiera en las profundidades más oscuras de la desesperación. Él es nuestro amigo eterno, usando su bastón y su caña para guiarnos y protegernos. Incluso en las peores horas, su propia presencia es consolante y pacífica.

Podemos reconfortarnos al saber que no estamos solos cuando la tristeza siente que podría consumirnos. Dios está allí para caminar con nosotros por el valle, proporcionando Su amor y apoyo a cada paso.

Ya sea la pérdida de un sueño, la ruptura de una relación o la muerte de un ser querido, los hombres pueden experimentar tristeza. Aferrémonos a la seguridad de la presencia de Dios a lo largo de estos tiempos difíciles y tomemos consuelo en Su amor inquebrantable. Él es nuestro bastión y refugio, nuestro apoyo constante en tiempos difíciles.

DESARROLLANDO UN CORAZÓN AGRADECIDO

"En cada situación, sin importar las circunstancias, agradece y agradece continuamente a Dios; porque esta es la voluntad de Dios para ti en Cristo Jesús". - 1 Tesalonicenses 5:18 (AMP)

Alinearnos con el plan de Dios para nuestra vida es una disciplina transformadora de cultivar un corazón agradecido. Independientemente de los desafíos que podamos encontrar, este pasaje nos exhorta a practicar la gratitud en todas las circunstancias.

Este pasaje sirve como un recordatorio útil para cambiar nuestra perspectiva porque a veces es más fácil concentrarse en las cosas que nos faltan o en las dificultades a las que nos enfrentamos. Se nos ordena alabar a Dios por lo que tenemos en lugar de centrarnos en lo que nos falta.

Tener un corazón agradecido es una decisión que tomamos todos los días, independientemente de la situación. Reconoce la bondad y la fidelidad de Dios frente a la adversidad. Fomenta una sensación de felicidad y nos ayuda a ver los regalos que podríamos habernos perdido.

Hagamos que los hombres nos comprometamos a cultivar una actitud de gratitud. Que siempre estemos agradecidos con Dios y nos deleitemos con Su gracia y provisión. La gratitud puede causar una profunda transformación interior que abre nuestros corazones para recibir la bondad de Dios en todas las áreas de nuestra vida.

CONFIAR EN LA VISIÓN DE DIOS A LA HORA DE TOMAR DECISIONES

"Porque el Señor da sabiduría; de su boca viene el conocimiento y el entendimiento". - Proverbios 2:6 (NVI)

Tomar decisiones puede ser difícil, especialmente cuando son decisiones significativas que afectan a nuestras vidas. Es vital para nosotros, como hombres, confiar en la sabiduría de Dios en estas circunstancias.

Se nos recuerda que la verdadera sabiduría se origina en el Señor en este pasaje de Proverbios. Él es la fuente de la sabiduría y la perspicacia. Podemos

291

hacer juicios seguros cuando buscamos Su guía y conformamos nuestros corazones a Su deseo.

La sabiduría de Dios está más allá de nuestra comprensión finita. Él entiende lo que es mejor para nosotros y tiene una perspectiva amplia. Podemos dar sentido a las cosas complicadas de la vida y seguir adelante con claridad cuando confiamos en Su conocimiento.

Dejemos que los hombres nos humillemos y confiésenos que necesitamos la sabiduría de Dios. En lugar de depender exclusivamente de nuestra propia comprensión, busquemos Su conocimiento mediante la oración, la lectura de Su Palabra y la consulta con cristianos experimentados.

Podemos poner nuestra fe en Dios para dirigir nuestras acciones y ponernos en el camino correcto cuando tomamos decisiones basadas en Su sabiduría. Que siempre confiemos en Su discernimiento y sigamos su dirección en todas las áreas de nuestra vida.

ACEPTAR LA VOLUNTAD DE DIOS PARA TU FAMILIA

"Compromiso con el Señor; confía en él, y él actuará". - Salmo 37:5 (ESV)

Determinar el plan de Dios para nuestras familias puede ser un desafío cuando se enfrenta a las complejidades y obstáculos de la vida familiar. Esta línea, sin embargo, sirve como recordatorio de lo crucial que es confiar el viaje de nuestra familia al Señor.

El mejor planificador y mentor para nuestras familias es Dios. Él entiende lo que es mejor para nosotros y tiene una perspectiva amplia.

Demostramos nuestra fe en Su conocimiento y omnipotencia cuando le damos control sobre las metas, aspiraciones y objetivos de nuestra familia.

Si bien poner nuestra confianza en Dios no garantiza que nunca nos enfrentemos a dificultades o desafíos, sí nos asegura que Él intervendrá de nuestro lado. Él revelará su voluntad perfecta para nuestras familias a través del trabajo de maneras sorprendentes.

Podemos encontrar consuelo en el conocimiento de que Dios está a cargo y tiene un plan para nuestra familia. Hacemos espacio para Su dirección, guía y beneficios cuando le damos nuestros planes. Que podamos poner nuestra fe en el plan de Dios para nuestra familia y encontrar consuelo en Su tierna supervisión.

EL EFECTO DEL AMOR
TODOPODEROSO DE DIOS

"Porque estoy convencido de que ni la muerte ni la vida, ni los ángeles ni los demonios, ni el presente ni el futuro, ni ningún poder, ni altura ni profundidad, ni nada más en toda la creación, podrán separarnos del amor de Dios que está en Cristo Jesús nuestro Señor". - Romanos 8:38-39 (NIV)

El amor de Dios es una energía infinita que entra en los recovecos más profundos de nuestro ser, supera todas las barreras y trasciende todos los poderes. Se nos recuerda el increíble impacto que el amor de Dios tiene en nuestras vidas por este versículo de Romanos.

No hay nada que pueda separarnos del amor consumidor de Dios. Ni siquiera los poderes espirituales empeñados en destruirnos o en la muerte. Nada puede separar el amor de Dios por nosotros, sin importar lo difícil o impredecible que sea la situación.

Nuestras vidas se ven afectadas significativamente cuando comprendemos plenamente la amplitud y profundidad del amor de Dios. Nos proporciona fuerza cuando somos débiles, consuelo cuando las cosas son difíciles y un sentimiento de dirección y esperanza.

El amor omnipotente de Dios se está transformando; tiene la capacidad de alterarnos dentro. Hombres, abracemos este amor inquebrantable y dejemos que moldee quiénes somos, dirijamos nuestras acciones y motivémonos a amar a los demás con el mismo abandono radical e incondicional.

SUPERAR LA INCERTIDUMBRE CON LA VALIDACIÓN DE DIOS

"Él enderezará tus caminos". - Proverbios 3:6
(ESV)

Con frecuencia, la incertidumbre puede hacernos sentir desorientados e incómodos por el futuro. Sin embargo, este pasaje sirve como recordatorio de que no estamos solos en navegar por los caminos impredecibles de la vida. Dios promete enderezar nuestros caminos cuando pedimos su dirección y ponemos nuestra confianza en Él.

Puede que tengamos que tomar decisiones que parezcan abrumadoras o ambiguas en nuestro camino espiritual. Podríamos experimentar incertidumbre y ansiedad. Pero la certeza y la serenidad provienen de la aprobación y guía de Dios.

Dios alinea nuestros caminos con Su voluntad perfecta cuando le damos nuestras metas y aspiraciones. Él nos da orientación, claridad y tranquilidad de que nos dirigimos por el camino correcto.

Prioricemos la búsqueda de la afirmación de Dios por encima de cualquier otra cosa en tiempos de incertidumbre. Podemos confiar en que Él nos guiará a lo largo de la ruta que nos lleva a la satisfacción y al propósito cuando lo usemos como nuestra brújula. Pon tu fe en Su conocimiento, confía en Su visión y deja que Él dirija tus acciones. La aprobación de Dios hace que la duda desrisque, y navegar por la vida lleva a cabo una aventura divinamente decidida.

LA VENTAJA DE LA VISIÓN DE DIOS EN LAS ASOCIACIONES

"No te despreses de manera desigual con los incrédulos. ¿Para qué asociación tiene la justicia con la anarquía? ¿O qué compañerismo tiene luz con oscuridad?" - 2 Corintios 6:14 (ESV)

En nuestro viaje a través de la vida, a menudo formamos asociaciones y conexiones con otros. En todas las áreas de la vida (negocios, amistades y relaciones) debemos buscar la guía de Dios y rodearnos de personas de ideas afines.

Este pasaje enfatiza lo crucial que es que elijamos a nuestros compañeros con cuidado. Ser "un yugo desigual" se refiere a formar una relación con alguien que no tiene los mismos valores que nosotros. Tales alianzas tienen el potencial de alejarnos de la santidad y poner en peligro nuestra relación con Dios.

La sabiduría de Dios nos da una oportunidad en las colaboraciones. Alinearse con personas de ideas afines nos permite apoyar el desarrollo espiritual de los demás, responsabilizarnos unos a otros y trabajar hacia objetivos compartidos que exalten a Dios.

Con el fin de asegurarnos de que nos rodeamos de personas que nos animen, inspiren y nos empujen a vivir nuestra fe, busquemos la sabiduría y el discernimiento de Dios en nuestras asociaciones. Podemos disfrutar de la plenitud de las bendiciones de Dios y hacer grandes cosas por Su reino cuando nos unimos a otros de ideas afines.

GUERRA ESPIRITUAL Y FUERZA

"Porque las armas de nuestra guerra no son de carne, sino que tienen el poder divino para destruir fortalezas". - 2 Corintios 10:4 (ESV)

Los hombres están llamados a usar las poderosas armas que Dios ha suministrado en la lucha contra los poderes espirituales de la oscuridad. Nuestra determinación espiritual podría verse debilitada por las tentaciones, las presiones y los desafíos en este mundo nuestro. Pero no te alarmes; poseemos un poder sobrenatural para vencer a cualquier fortaleza.

Como hombres, tenemos que entender que nuestra fuerza no se deriva de nuestras propias habilidades o experiencia. En cambio, es el resultado de una confianza firme en Dios y una dependencia de Su Espíritu. Este pasaje sirve como recordatorio de que nuestras armas son sobrenaturales en lugar de materiales. La Palabra de Dios, la oración y la armadura que Él proporciona son lo que nos da poder.

Tenemos que ponernos toda la armadura de Dios, aferrarnos firmemente a Su verdad y empuñar la espada del Espíritu si queremos ganar una batalla espiritual. Estamos llamados a caminar en la libertad y el poder que Jesucristo nos ha dado, a oponernos a los planes del enemigo y a destruir las fortalezas.

Espero que esta escritura siempre sirva como recordatorio de que no estamos luchando esta batalla solos. Cuando la fuerza celestial está de nuestro lado, podemos triunfar en la guerra espiritual que libramos a diario siendo resilientes y superando todos los desafíos.

SUPERAR EL MIEDO CON EL AMOR PERFECTO DE DIOS

"El amor perfecto expulsa el miedo". - 1 Juan 4:18 (NVN)

El miedo puede apoderarse fácilmente de nuestros corazones e impedirnos perseguir nuestra misión dada por Dios en un mundo lleno de dudas y miedos. Pero el amor completo de nuestro Padre Celestial nos da consuelo y coraje como hombres de fe.

El pasaje de 1 Juan sirve como recordatorio de que el amor de Dios no conoce límites ni restricciones. Su amor es impecable e inquebrantable.

El miedo ya no tiene la misma influencia en nuestra vida cuando realmente nos damos cuenta de lo mucho que Él nos ama.

Tenemos la opción de aferrarnos al amor de Dios en lugar de ceder al miedo. La oración, la introspección sobre Su Palabra y el desarrollo de una estrecha conexión con Él nos ayudan a superar el miedo y a entrar en el reino valiente, valiente y confiado que resulta de la realización del amor perfecto de Dios por nosotros.

No dejemos que el miedo se interponte en nuestro avance o nos desvíe del propósito de Dios para nuestra vida. Agarre su amor impecable y vea cómo el miedo comienza a desvanecerse, lo que nos permite vivir vidas exitosas basadas en una fe firme en el que nos ama infinitamente.

LLEVAR UNA VIDA CON PROPÓSITO

"Bendito sea el hombre que confía en el Señor, cuya confianza está en Él". - Jeremías 17:7 (NVI)

Es fácil olvidar nuestra misión real como hombres en un mundo lleno de distracciones y objetivos en conflicto. Dios quiere que nuestras vidas sean importantes, arraigadas en Él y dirigidas por Sus propósitos para nosotros.

El pasaje de Jeremías nos recuerda las bendiciones que resultan de poner nuestra fe y confianza en el Señor. Él revela Su plan para nuestra vida cuando nos sometemos a Su voluntad,

305

proporcionándonos satisfacción y dirección que van más allá de nuestra comprensión.

Cultivar una confianza fuerte y firme en Dios es el primer paso para vivir una vida con propósito. Debido a esta fe, podemos pedir Su dirección en todas las esferas de nuestras vidas, incluidas las relaciones, el trabajo y el desarrollo personal.

Se espera que los hombres conecten intencionalmente sus decisiones y comportamientos con el llamado de Dios a sus vidas. A través de la oración y el estudio de la Biblia, podemos entender Sus planes y tomar decisiones que lo honren.

Cuando damos nuestras vidas al Señor, podemos disfrutar de Su dirección, favor y satisfacción mientras vivimos vidas significativas que influyen en todos los que nos rodean.

LA BENDICIÓN DE LA SATISFACCIÓN EN LA VOLUNTAD DE DIOS

"Bienaventurado el hombre que no camina en el consejo de los malvados, ni se interpone en el camino de los pecadores, ni se sienta en el asiento de los burlones; pero su deleite está en la ley del Señor, y en su ley medita día y noche". - Salmo 1:1-2 (ESV)

Parece difícil alcanzar la verdadera alegría en un mundo lleno de distracciones y tentaciones. Pero como hombres de fe, tenemos la increíble oportunidad de vivir de acuerdo con el plan de Dios y disfrutar del gran beneficio de la realización.

307

El salmista dice que las personas son muy bendecidas si disfrutan de la ley de Dios y piensan en ella todos los días. Buscar la voluntad de nuestro Padre Celestial nos satisfará más que perseguir intereses mundanos o cumplir con los malos caminos del mundo.

Nuestros corazones cambian a medida que pasamos tiempo en la Palabra de Dios y conformamos nuestras creencias y comportamiento a lo que Él dice. Comenzamos a experimentar un nivel de satisfacción y satisfacción que supera con creces las alegrías transitorias que provienen de los esfuerzos terrenales.

Nuestras vidas se vuelven más claras y con más propósito cuando vivimos de acuerdo con la voluntad de Dios. Proporciona acceso a la felicidad, la tranquilidad y un vínculo más estrecho con nuestro Creador. Busquemos humildemente la voluntad de Dios mientras nos enfrentamos a los obstáculos de la vida, permitiendo que Su dirección nos lleve a la satisfacción y la plenitud que son exclusivas de Él.

PONER TU CONFIANZA EN EL PLAN DE CARRERA DE DIOS

"Compromete tu camino con el Señor, confía también en Él, y Él lo hará pasar". - Salmo 37:5 (NKJV)

Es fácil para los hombres obsesionarse con la búsqueda de sus propios objetivos laborales en un mundo donde el éxito y la ambición son las características definitorias. Pero estamos llamados a abordar nuestra vida profesional de manera diferente como seguidores de Cristo. Es nuestro deber confiar en el plan profesional de Dios.

Se nos recuerda que debemos comprometernos con el Señor y poner nuestra confianza en Él en el Salmo 37:5. Dios es el que en última instancia lidera nuestros pasos y establece el camino para nosotros, a pesar del hecho de que podemos tener nuestros propios objetivos y deseos. Él completa nuestros planes de maneras que van más allá de nuestros sueños más salvajes cuando le damos nuestros objetivos.

Dejar ir nuestra propia voluntad y buscar la dirección de Dios a través de la oración y el estudio de la Biblia son necesarios para confiar en el plan profesional de Dios. Implica poner Su voluntad por delante de la nuestra y tener fe en que Él es consciente de lo que es mejor para nosotros.

Demos a Dios nuestros miedos y ansiedad por nuestras futuras carreras de hoy. Renunciamos a nuestros objetivos, pidamos Su dirección y tengamos fe en que Él nos guiará a lo largo de una ruta que se ajuste precisamente a Su plan para nuestra vida.

GESTIONAR EL CAMBIO CON FE EN DIOS

"Confía en el Señor con todo tu corazón y no te apoyes en tu propio entendimiento; en todos tus caminos, sométete a él, y él enderezará tus caminos". - Proverbios 3:5-6 (NVI)

Debido a que las cosas cambian tan rápido y las condiciones pueden cambiar sin previo aviso, es normal que los hombres se sientan incómodos y abrumados. Pero como hombres de religión, tenemos la obligación de enfrentar el cambio con una confianza firme en Dios.

El pasaje de Proverbios sirve como un recordatorio útil para confiar en el Señor en lugar de en nuestra propia sabiduría. Nuestra confianza en el conocimiento y la dirección de Dios debería ser nuestra base firme en tiempos de incertidumbre y cambio. Nos insta a creer en su plan impecable y a entregar nuestros caminos a Él.

Saber que Dios está con nosotros en cada paso del camino nos permite dar la bienvenida a las oportunidades que vienen con el cambio en lugar de luchar contra él o ceder al miedo. Al orar, buscar su dirección y coordinar nuestras acciones con Su Palabra, podemos gestionar con confianza la complejidad de la vida.

Hombres, nunca olvidemos que el cambio presenta una oportunidad para el desarrollo y el rejuvenecimiento. Podemos descubrir el coraje, el discernimiento y la serenidad frente al cambio si confiamos firmemente en nuestra fe y le damos a Dios el control sobre nuestros planes.

RENUNCIAR A LAS PREOCUPACIONES A LA CALMA DE DIOS

"Echa toda tu ansiedad sobre él porque se preocupa por ti". - 1 Pedro 5:7 (NVI)

Es demasiado fácil para que el miedo y la ansiedad se apoderen de nuestros corazones y cerebros en un mundo caótico e incierto. La carga de obligaciones, dudas y problemas podría hacernos sentir sobrecargados. Pero como hombres de religión, tenemos a Dios como una fuerte fuente de apoyo y tranquilidad.

Se nos recuerda el inmenso amor y preocupación de Dios por todos y cada uno de nosotros en 1 Pedro

313

5:7. Se nos insta a darle nuestros cuidados y preocupaciones, poniéndolos en Sus manos capaces, y a arrojar nuestros problemas sobre Él. Cuando le damos a Dios nuestros problemas, tomamos consuelo en Su serenidad y nos encontramos con una paz insondable.

En lugar de asumir el peso de la preocupación por nuestra cuenta, se nos anima a tener fe en la fidelidad y la provisión de Dios. Dejar ir y poner toda nuestra confianza en Él es una elección decidida. Aprendemos que Dios está a cargo y que Su paz perfecta está cuidando nuestros corazones y pensamientos cuando dejamos ir nuestras ansiedades.

Sabiendo que Dios está sinceramente preocupado por nosotros, elijamos hoy entregar nuestras ansiedades a Su serenidad. Que el conocimiento de que Dios está constantemente con nosotros proporcione consuelo y proyecte una sombra sobre cualquier ansiedad que busque tomar el control de nuestra vida.

LA FUERZA DE LA GRACIA TRANSFORMADORA DE DIOS

"Pero él me dijo: 'Mi gracia es suficiente para ti, porque mi poder se perfecciona en debilidad'. Por lo tanto, me jactaré con más gusto de mis debilidades, para que el poder de Cristo descanse sobre mí". - 2 Corintios 12:9 (NVI)

Con frecuencia tratamos de confiar en nuestro propio poder y talentos cuando somos débiles. Pero la Biblia nos dice que la gracia de Dios es suficiente para nosotros. Tenemos el honor de encontrarnos con el poder transformador de la gracia de Dios durante nuestros tiempos vulnerables.

315

Los hombres pueden experimentar la carga de cumplir con las normas sociales y la necesidad de ser resilientes en todas las facetas de sus vidas. Sin embargo, la bondad de Dios nos llama a tragarnos nuestros egos y reconocer que no somos sobrehumanos. Nuestras debilidades hacen que su fuerza sea impecable.

Este pasaje nos exhorta a aceptar nuestros defectos en lugar de huir de ellos o rechazarlos. Reconocer nuestros límites nos permite ser más receptivos a la gracia y el poder de Dios. Estamos regenerados, transformados y se nos da la capacidad de lograr Sus objetivos por Su gracia.

En lugar de enorgullecernos de nuestras propias habilidades, celebremos el poder de la gracia transformadora de Dios en el trabajo dentro de nosotros. Que el conocimiento de que Su gracia es adecuada para cada dificultad que encontremos nos traiga paz y esperanza.

RESOLVIENDO EL REMORDIMIENTO A TRAVÉS DE LA EXPIACIÓN DE DIOS

"Si confesamos nuestros pecados, Él es fiel y justo para perdonarnos nuestros pecados y limpiarnos de toda injusticia". - 1 Juan 1:9 (NKJV)

El corazón de un hombre podría estar muy agobiado por el arrepentimiento y el remordimiento, lo que puede llenarlo de culpa y humillación. Sin embargo, se supone que no debemos soportar la carga de nuestras transgresiones anteriores por nosotros mismos como seguidores de Cristo. La bondad y el perdón de Dios nos proporcionan un

317

camino para salir del arrepentimiento y hacia la curación.

Se nos recuerda el valor de la confesión y la certeza del perdón de Dios en 1 Juan 1:9. Dios es leal y solo para perdonarnos cuando realmente reconocemos nuestra culpa y nos humillamos ante Él. Él nos purga compasivamente de toda maldad en lugar de mantener nuestros pecados contra nosotros.

La única manera de que finalmente podamos ser liberados del arrepentimiento que consume nuestras almas es mediante la expiación de Dios. Podemos renunciar a nuestros remordimientos y permitir que Su gracia cambie nuestros corazones y pensamientos mientras aceptamos Su perdón.

Confesemos nuestros pecados, remordimientos y remordimientos al Señor hoy. Que estemos agradecidos por el perdón de Dios y experimentemos la libertad y la serenidad que provienen de Su expiación en lugar de detenernos en nuestras transgresiones pasadas.

DESCUBRIENDO LA FELICIDAD EN LAS BENDICIONES DIARIAS DE DIOS

"Regocíjate siempre, ora sin cesar, da gracias en todo; porque esta es la voluntad de Dios en Cristo Jesús para ti". - 1 Tesalonicenses 5:16-18 (NKJV)

Es fácil olvidar los beneficios diarios que Dios nos da en medio del caos de la vida. Este devocional anima a los hombres a desarrollar una actitud de agradecimiento y descubrir una alegría duradera en las pequeñas cosas que Dios nos proporciona.

Independientemente de la situación, la escritura de 1 Tesalonicenses nos exhorta a ser constantemente

319

alegres. Podemos cambiar nuestra perspectiva de lo que necesitamos a lo que Dios ha proporcionado amablemente al elegir la alegría. Se nos recuerda que debemos mantenernos en contacto con nuestro Padre Celestial durante el día orando a Él y comunicándonos con Él a menudo.

Además, el pasaje enfatiza que ofrecer gracias es el deseo de Dios para nosotros, enseñándonos la importante lección de gratitud. Podemos desarrollar un corazón de satisfacción y descubrir el placer incluso en los momentos más pequeños en los que reconocemos y damos gracias por las pequeñas cosas de la vida que nos rodean.

Este devocional anima a los hombres a tomarse un momento para considerar cómo Dios los beneficia a diario, lo que les ayuda a desarrollar una actitud de gratitud y encontrar un disfrute genuino en estos pequeños actos de bondad.

EL BENEFICIO DE LA FIABILIDAD DE DIOS EN LAS CONEXIONES

"Dos son mejores que uno, porque tienen una buena recompensa por su trabajo". - Eclesiastés 4:9 (NKJV)

Una cosa es cierta en una sociedad donde las conexiones pueden ser erráticas y las relaciones con frecuencia fracasan: Dios es digno de confianza y fiel en cada una de nuestras interacciones. Este versículo de Eclesiastés sirve como un recordatorio útil de la importancia y las ventajas de viajar por la vida con una pareja de confianza.

Los hombres tienden a esforzarse por manejar tareas y obligaciones por sí mismos, sin embargo, Dios quería que fuéramos seres sociales que se conectaran entre sí. Tener personas confiables a nuestro lado nos da la valentía, el apoyo y la fuerza que necesitamos para hacer frente a cualquier desafío.

La fiabilidad de Dios en nuestras interacciones entre nosotros se extiende más allá de los lazos interpersonales. Se compromete a acompañarnos en cada paso del viaje, ofreciendo conocimiento, consuelo y dirección. Todas las demás relaciones están respaldadas y mejoradas por nuestra relación con Él.

Dios ha arreglado las relaciones para nosotros; atesoremos e invirtamos en ellas, deleitándonos con los beneficios que ofrecen. A medida que pasamos por la vida juntos, podemos disfrutar de los beneficios de la camaradería, el apoyo mutuo y el progreso debido a nuestra dependencia de Él y el regalo de conexiones de confianza.

FOMENTAR UN CORAZÓN GENEROSO

Cada uno de ustedes debe dar lo que ha decidido dar en su corazón, no a regañadientes o bajo compulsión, porque Dios ama a un donante alegre". - 2 Corintios 9:7 (NVI)

Los hombres necesitan desarrollar un corazón generoso que sea como el de nuestro Padre Celestial en una sociedad en la que la gente está obsesionada con obtener, poseer y amontonar. Este texto de 2 Corintios sirve como un recordatorio útil de que donar es una oportunidad para mostrar el amor de Dios en nuestra vida en lugar de simplemente cumplir una tarea o responsabilidad.

Dar voluntariamente y con alegría es la voluntad de Dios, no obligarnos a contribuir de mala gana o bajo coacción. Dar desde un corazón generoso nos une con el corazón de Dios y nos convierte en conductos para Sus regalos a los demás.

Desarrollar un corazón generoso requiere un cambio de punto de vista. Implica darnos cuenta de que todo lo que poseemos, incluido nuestro tiempo, habilidades y finanzas, es realmente un regalo de Dios. Podemos abordar la donación con gratitud, entusiasmo y el deseo de influir positivamente en la vida de otras personas cuando lo vemos a través de esta lente.

Como hombres, hagamos un esfuerzo por proporcionar un ejemplo de generosidad dando de nosotros mismos a nuestras familias, comunidades y los menos afortunados, además de nuestras posesiones materiales. Que podamos plantar semillas de caridad, bondad y compasión, mostrando el amor de Dios en todo lo que hacemos.

CONFORMANDO EN LA GUÍA DIVINA PARA LA CRIANZA DE LOS HIJOS

"Entrena a un niño en el camino que debería seguir, y cuando sea viejo no se apartará de él". - Proverbios 22:6 (NKJV)

Es nuestro deber como hombres liderar y servir como ejemplos para nuestras familias, especialmente cuando se trata de la crianza de los hijos. Sin embargo, la crianza de los niños puede ser una empresa intimidante, dejándonos inseguros de cómo guiarlos e instruirlos.

La necesidad de enseñar a nuestros hijos los caminos del Señor se enfatiza a lo largo de la Palabra de Dios. Los principios divinos y el entrenamiento genuino pueden tener un efecto duradero en sus vidas, como nos recuerda Proverbios 22:6.

Debemos tener en cuenta que no estamos solos en nuestros esfuerzos por ser buenos padres. Tenemos acceso a un consejo divino que está preparado para permitirnos y empoderarnos para llevar a cabo este gran deber. Podemos atravesar con éxito los placeres y las pruebas de criar a los niños si buscamos el conocimiento de Dios, confiamos en Su apoyo y tomamos decisiones que sean consistentes con Su Palabra.

Este versículo debe actuar como un recordatorio continuo para que nos dediquemos a enseñar a nuestros hijos valores piadosos, sabiendo que nuestros esfuerzos los beneficiarán y les dejarán un legado duradero.

ACEPTAR EL PROPÓSITO DIVINO DE TUS TALENTOS

"Cada uno de ustedes debe usar cualquier regalo que haya recibido para servir a los demás, como fieles administradores de la gracia de Dios en sus diversas formas". - 1 Pedro 4:10 (NVN)

Dios nos ha dado a cada uno de nosotros dones y capacidades especiales. Pero de vez en cuando, puede que nos resulte difícil reconocer o aceptar su propósito divino para nosotros. Podemos ser escépticos sobre su valor o nuestra capacidad para cambiar las cosas.

Sin embargo, estamos obligados a usar nuestras habilidades por el bien de los demás como hombres de fe. Se nos recuerda que debemos gestionar fielmente la gracia que hemos recibido de Dios en 1 Pedro 4:10. Nos exhorta a usar nuestros dones para el bien de los demás que nos rodean y para el honor de nuestro Creador.

Al aceptar la intención celestial detrás de nuestros dones, podemos ayudar a establecer el reino de Dios en la tierra. Nuestros dones, ya sea en la compasión, la creatividad, la enseñanza o el liderazgo, nos han sido dados con un propósito.

Dejemos de dudar y subestimar los dones que Dios nos ha dado. Más bien, aceptémoslos con humildad y gratitud, ansiosos por utilizarlos para cambiar el mundo para mejor y dejar una impresión duradera en los demás.

EL IMPACTO DEL AMOR
TRANSFORMADOR DE DIOS

"Y todos nosotros, con la cara descubierta, contemplando la gloria del Señor, estamos siendo transformados en la misma imagen de un grado de gloria a otro. Porque esto viene del Señor, que es el Espíritu". - 2 Corintios 3:18 (ESV)

Nuestras vidas pueden ser cambiadas drásticamente por el amor de Dios. Nuestros corazones y mentes están saturados de Su presencia cuando realmente experimentamos Su gloria, y comenzamos a emularlo.

Esta transición es un proceso continuo en lugar de una ocurrencia única. Poco a poco nos sometemos a una transformación interna a medida que buscamos persistentemente el rostro de Dios y reflexionamos sobre Su Palabra. Cada día que pasa, estamos siendo moldeados cada vez más a la imagen de Cristo.

El amor transformador de Dios está claramente en marcha en nuestras relaciones, decisiones y disposiciones. Modifica nuestro punto de vista, dándonos un prisma celestial a través del cual ver el mundo. Nos da la capacidad de proporcionar a las personas amor incondicional, perdonar a los demás como a nosotros hemos sido perdonados, y mostrar amabilidad y gracia a todos en nuestro camino.

Aceptemos la capacidad del amor de Dios para transformarse hoy. Que podamos experimentar Su actividad continua en nuestras vidas mientras mantenemos nuestros ojos fijos en Él, volviéndonos cada vez más como Él y difundiendo Su amor a un mundo necesitado.

EL PODER DE LA HUMILDAD DE DIOS PARA VENCER EL ORGULLO

"Dios se opone a los orgullosos, pero da gracia a los humildes". - Santiago 4:6 (NIV)

Nuestras relaciones con Dios y otras personas pueden verse obstaculizadas por el orgullo, una fuerza engañosa y dañina que es fácil de dejar entrar en nuestros corazones. Nos impide ver nuestras propias deficiencias, nos aísla del conocimiento de los demás e impide nuestro desarrollo de la humildad.

Pero en Su infinita sabiduría, Dios nos proporciona humildad, un potente remedio para la arrogancia. Dios se opone a los arrogantes, pero da

331

una amplia gracia a los humildes, como nos dice Santiago 4:6.

Deberíamos imitar la humildad de nuestro Padre Celestial como hombres que caminan con fe. Nos volvemos vulnerables al poder transformador de la gracia de Dios cuando aceptamos la humildad. Ser humilde nos permite servir con honestidad y compasión, valorar a los demás por encima de nosotros mismos y reconocer nuestra necesidad de Dios.

Absténgase de permitir que el orgullo te enguade. Más bien, acepte la humildad que Cristo encarnó, porque es a través de la humildad que nos encontramos con el poder de Dios en su totalidad en nuestras vidas. Humillémonos ante Dios y renunciemos a nuestra arrogancia, confiando en Su gracia para guiarnos y convertirnos en hombres de verdadero carácter.

LAS BENDICIONES DE DIOS EN LA ORIENTACIÓN FINANCIERA

"Honra al Señor con tus posesiones, y con los primos de todo tu aumento; así tus graneros estarán llenos de abundancia, y tus cubas se desbordarán de vino nuevo". - Proverbios 3:9-10 (NKJV)

Los hombres deben ir a Dios en orden de orientación y darle nuestros mejores recursos para lograr la riqueza y la seguridad financiera. El mundo con frecuencia nos tienta a poner nuestra fe en los bienes mundanos, las riquezas y el prestigio. Pero las recompensas financieras genuinas provienen de poner nuestros pensamientos y hechos en línea con la voluntad de Dios.

El pasaje de Proverbios enfatiza las promesas de Dios que vienen con ser un buen administrador. Dios promete bendecirnos generosamente cuando hagamos que sea una prioridad glorificarlo con nuestras pertenencias, ya sea que eso signifique pagar nuestro diezmo, donar generosamente o manejar nuestro dinero de manera sensata.

Dios quiere bendecirnos abundantemente en todos los aspectos de nuestra vida, incluido el dinero. Él tardeará Sus beneficios sobre nosotros mientras seguimos obedientemente Sus mandamientos, poniendo nuestra fe en Su suministro y utilizando nuestros recursos para Sus propósitos.

Busquemos consuelo en esta potente verdad de las Escrituras, dependiendo de la dirección y el suministro de Dios. Deberíamos ver la administración financiera como una oportunidad para glorificar a Dios, entendiendo que las riquezas y los beneficios fluyen de un corazón que se dedica a darle todo de nosotros.

LA GRACIA DE DIOS PARA SUPERAR EL ARREPENTIMIENTO

"Porque perdonaré su maldad y no recordaré más sus pecados". - Hebreos 8:12 (NVI)

Podríamos llevar mucho arrepentimiento en nuestros corazones y cerebros. Podríamos encontrarnos atrapados en un círculo vicioso de vergüenza y remordimiento, deseando poder volver atrás en el tiempo y arreglar los errores o las oportunidades que hemos perdido. Pero hay una manera de salir de esta trampa proporcionada por el amor de Dios.

El pasaje de los Hebreos sirve como recordatorio del perdón y la bondad sin límites de Dios. Él está dispuesto a perdonar nuestras transgresiones y liberarnos de las garras del remordimiento cuando nos acercamos a Él con un arrepentimiento honesto.

En lugar de revolcarnos en nuestras transgresiones anteriores, debemos aceptar el perdón de Dios y Su promesa de olvidar nuestros pecados. Él nos da una segunda oportunidad, y con Su ayuda, podemos superar nuestros remordimientos y vivir vidas esperanzadas y significativas.

Aceptemos humildemente el perdón de Dios y dejemos que Su gracia convierta nuestros remordimientos en oportunidades de desarrollo y expiación. Podemos descubrir la curación, la restauración y la voluntad de vivir una vida libre de los grilletes del arrepentimiento gracias a Su poder.

VIVIR UNA VIDA DE SANTIDAD

"Pero, así como el que te llamó es santo, así sé santo en todo lo que haces; porque está escrito: 'Sé santo, porque yo soy santo'". - 1 Pedro 1:15-16 (NVI)

Estamos llamados a luchar por la santidad como hombres que quieren vivir vidas que agradan a Dios. Todo el que sea cristiano y haya sido llamado por Dios tiene derecho a la santidad. Perfectamente santo como Él es, nuestro Padre Celestial anhela que lo emulemos en cada área de nuestra vida.

Pedro nos dice en este pasaje que la santidad de Dios es la fuente de nuestra propia llamada a la santidad. Honramos y amamos a Dios cuando conducimos nuestros pensamientos, actitudes y obras de acuerdo con Su verdad y justicia.

Se necesita intencionalidad y una humilde dependencia de la dirección y la fuerza del Espíritu Santo para vivir una vida santa. Implica hacer un esfuerzo para destacar, evitar las tentaciones mundanas y buscar activamente la santidad.

Dediquémonos a la búsqueda de la santidad, entendiendo que es un proceso de toda la vida. Con el fin de respetar y exaltar a nuestro santo Dios, que esta escritura sirva como un recordatorio diario para que trabajemos hacia la santidad en nuestros pensamientos, palabras y obras.

HONESTIDAD VALIENTE: CENTRARSE EN LA FUERZA DE MANTENER UNA VIDA DE TRANSPARENCIA Y CARÁCTER

"La integridad de los erguidos los guía, pero los infieles son destruidos por su duplicidad". - Proverbios 11:3 (NVI)

Se necesita una tremenda valentía para vivir una vida abierta y veraz en un mundo lleno de mentiras y motivos ocultos. Se espera que los hombres sean individuos honestos que defiendan firmemente la verdad y la moralidad.

339

Según Proverbios 11:3, mantener nuestra integridad nos mantiene rectos y estrechos y nos dirige hacia la justicia. Cuando tomamos la decisión de ser honestos en todos los aspectos de nuestra vida, nos fortificamos con la fuerza de la autenticidad, sentando las bases para el respeto mutuo y la confianza.

Puede ser difícil vivir una vida transparente. Puede haber presión sobre nosotros para comprometer nuestra moral o encubrir nuestros defectos. Sin embargo, cuando decidimos vivir una vida de integridad y sinceridad sin concesiones, arrojamos luz sobre un mundo que anhela la autenticidad.

Este versículo debería inspirarnos a perseguir la integridad sin miedo, ya que es necesario tanto para nuestra propia salud espiritual como para el placer de Dios. Pongámonos confianza en Su poder para superar las dificultades y hacer un esfuerzo por vivir honorablemente en todas las facetas de nuestras vidas.

LA SABIDURÍA DE DIOS PARA SUPERAR LOS DESAFÍOS DE LA CRIANZA DE LOS HIJOS

"Porque el Señor da sabiduría; de Su boca vienen el conocimiento y el entendimiento". - Proverbios 2:6 (NIV)

Hay varios obstáculos que los hombres encuentran en sus trabajos como padres. A veces, ser padre puede ser abrumador mientras tratamos de tomar las mejores decisiones para el desarrollo y el bienestar de nuestros hijos. Debemos tener en cuenta que tenemos acceso a una fuente de sabiduría que es mayor que nuestra propia comprensión en tiempos de incertidumbre.

Según Proverbios 2:6, el Señor es la fuente de la verdadera sabiduría. Accedemos a una oferta interminable de sabiduría y perspicacia cuando pedimos Su dirección. Miremos a la Palabra de Dios como guía y comprensión mientras negociamos los desafíos de la crianza de los hijos.

Podemos encontrar soluciones a los problemas a los que nos enfrentamos estudiando, rezando y confiando en el conocimiento de Dios. Pongamos nuestra fe en la dirección de Dios para proporcionarnos los medios para lograr nuestros objetivos, ya sea que impartan principios morales, habilidades de comunicación o disciplina.

Reflexionemos sobre esta escritura y pidamos al Espíritu Santo que nos acompañe en nuestro viaje de crianza hoy. Que busquemos la sabiduría de Dios, confiando en que Él puede ayudarnos a superar cualquier obstáculo en nuestro camino.

RENUNCIAR QUIERE ACEPTAR LA VOLUNTAD DE DIOS

"Confía en el Señor con todo tu corazón y no te apoyes en tu propio entendimiento; en todos tus caminos, sométete a él, y él enderezará tus caminos". - Proverbios 3:5-6 (NVI)

Los hombres tienden a tener sus propios objetivos, ambiciones y deseos. Pero para crecer espiritualmente y conectarnos con el propósito de Dios para nuestra vida, debemos dejar de lado nuestros deseos y aceptar Su plan.

Se nos recuerda que debemos poner toda nuestra confianza en el Señor en Proverbios 3:5-6. Nos llama

343

a rendirnos a Su conocimiento y dirección en lugar de confiar en nuestro propio entendimiento. Hacemos espacio para que Él nos guíe y bendiga cuando voluntariamente le entregamos nuestros deseos.

Aceptar la voluntad de Dios requiere un compromiso activo de buscar Su dirección en todas las facetas de nuestra vida, no una actitud pasiva o complaciente. Sentimos un cumplimiento genuino cuando nuestras aspiraciones están en línea con Sus intenciones y planes, y se nos muestra Su fidelidad al guiarnos a lo largo de caminos rectos.

Como hombres, decidamos someternos a la voluntad de Dios y dejar de usar nuestros propios deseos. Podemos enfrentarnos con confianza a los obstáculos de la vida creyendo plenamente en Él y cediendo a Su guía, sabiendo que su plan perfecto nos está siendo revelado.

CONFIAR EN LA FIDELIDAD DE DIOS DURANTE LAS DIFICULTADES

Cuando pases por las aguas, yo estaré contigo; y cuando pases por los ríos, no te barrerán. Cuando camines a través del fuego, no serás quemado; las llamas no te incendiarán". - Isaías 43:2 (NVI)

Con frecuencia nos encontramos con situaciones difíciles en la vida que ponen a prueba nuestra fe y fortaleza. Las dificultades abrumadoras podrían hacernos sentir descuidados e impotentes. Pero incluso frente a la adversidad, nosotros, que somos hombres en Cristo, tenemos la confianza

345

inquebrantable de que la fidelidad de Dios no vacilará.

Dios ha prometido estar con nosotros a través de las aguas más profundas y los fuegos más feroces, como nos recuerda Isaías 43:2. Él nos salvaguardará y nos guiará ahora, tal como lo hizo por su pueblo en el pasado. Incluso si las dificultades pueden parecer abrumadoras, podemos tener fe en que las superaremos y saldremos más fuertes.

Tengamos en cuenta este pasaje cuando nos enfrentemos a circunstancias difíciles. Nos inspira a poner nuestra fe en el amor y la presencia constantes de Dios. Podemos confiar en que Él nos defenderá y nos dará la valentía y la fortaleza para perseverar incluso frente a situaciones abrumadoras.

Espero que este pasaje siempre nos recuerde que no estamos luchando solos. Nuestro amarre, que nos mantiene firmes entre las tormentas de la vida, es la fidelidad de Dios.

ACEPTANDO EL DISEÑO DE DIOS PARA TUS RELACIONES

Maridos, amad a vuestras esposas, así como Cristo también amó a la iglesia y se dio a sí mismo por ella". - Efesios 5:25 (NKJV)

Las relaciones son cuidadosamente elaboradas por Dios para representar Su gracia y amor. Los hombres están obligados a seguir su plan para las relaciones interpersonales, especialmente cuando se trata de matrimonio.

Es importante recordar que se espera que los hombres amen a sus esposas de una manera desinteresada, al, así como Jesús amó a la iglesia,

347

según Efesios 5:25. Este texto nos exhorta a servir y dedicarnos a nuestras esposas, siguiendo el ejemplo de Cristo del amor sacrificial.

Para aceptar el plan de Dios para nuestros matrimonios, debemos respetar y atesorar a nuestras mujeres como regalos invaluables desde arriba. Somos capaces de fomentar un ambiente de unión, confianza y apoyo haciendo hechos de amor, bondad y rendición.

Busquemos siempre la sabiduría y la dirección de Dios para fomentar nuestros matrimonios, mientras nos esforzamos por vivir todos los días como ejemplos del amor de Cristo. Nuestras relaciones florecerán y exaltarán el nombre de Dios a medida que renunciamos a nuestras propias preferencias y deseos y permitimos que Su amor fluya a través de nosotros.

Esta escritura debería inspirarnos a aceptar el plan divino que Dios tiene para nuestros matrimonios y a confiar solo en Su poder para llevar a cabo nuestras responsabilidades como cónyuges y maridos.

LA FUERZA DE LAS MANOS RESTAURADORAS DE DIOS

"Él cura a los que tienen el corazón roto y ata sus heridas". - Salmo 147:3 (NKJV)

Somos propensos a ser descompuestos por la vida, dejándonos heridos y con dolor. Queremos curación y restauración mientras soportamos las heridas de transgresiones, contratiempos y sufrimientos anteriores. Sin embargo, el optimismo sigue siendo.

El Salmo 147:3 nos da consuelo y confianza en la capacidad de Dios para sanar. Él es el Sanador celestial que une nuestras almas heridas y sana tiernamente nuestros corazones destrozados. El toque de Dios ofrece consuelo, fuerza y rejuvenecimiento cuando nos sentimos rotos y destrozados.

Somos propensos a ser descompuestos por la vida, dejándonos heridos y con dolor. Queremos curación y restauración mientras soportamos las heridas de transgresiones, contratiempos y sufrimientos anteriores. Sin embargo, el optimismo sigue siendo.

El Salmo 147:3 nos da consuelo y confianza en la capacidad de Dios para sanar. Él es el Sanador celestial que une nuestras almas heridas y sana tiernamente nuestros corazones destrozados. El toque de Dios ofrece consuelo, fuerza y rejuvenecimiento cuando nos sentimos rotos y destrozados.

DESCUBRIENDO LA FELICIDAD EN LA PRESENCIA DE DIOS

"Me das a conocer el camino de la vida; en tu presencia hay plenitud de alegría; a tu derecha hay placeres para siempre". - Salmo 16:11 (ESV)

Con frecuencia buscamos satisfacción en una variedad de esfuerzos, incluyendo relaciones, logros, bienes monetarios y placeres mundanos, en nuestra búsqueda de la felicidad. Sin embargo, la felicidad genuina y duradera solo se puede encontrar en la presencia de Dios.

El Salmo 16:11 nos dice que encontramos el camino de la vida y la plenitud del deleite cuando

351

estamos en presencia de Dios. Si bien el mundo puede proporcionar alegrías momentáneas, la verdadera satisfacción que trasciende las situaciones y los deseos fugaces solo se puede encontrar en la comunicación con nuestro Creador.

Dios nos llena de Su deleite y nos da los placeres que duran para siempre cuando volvamos nuestros corazones a Él y buscamos Su presencia. Nuestra felicidad proviene de nuestra relación con Él, y nada se compara con la cercanía y la alegría que provienen de estar en Su presencia.

Hombres, hagamos de nosotros buscar a Dios, estar en Su presencia y desarrollar nuestra relación con Él nuestras principales prioridades. A través de este viaje, descubriremos el verdadero significado de la felicidad, fortaleciendo nuestra fe y alterando fundamentalmente nuestra forma de vida.

LA GRACIA DE LA TOLERANCIA DE DIOS

"El Señor no es lento para cumplir su promesa, ya que algunos cuentan con la lentitud, pero es paciente contigo, no deseando que ninguno perezca, sino que todos alcancen el arrepentimiento". - 2 Pedro 3:9 (ESV)

El amor sin límites de Dios por nosotros está profundamente demostrado por Su gracia de paciencia. Espera pacientemente, sabiendo que todos eventualmente llegarían a conocerlo y experimentarían Su redención, a pesar de nuestras deficiencias y errores.

353

En una sociedad que con frecuencia espera satisfacción instantánea y resultados rápidos, podríamos perder fácilmente la esperanza mientras esperamos a que nuestras oraciones sean contestadas o a que las cosas mejoren. Sin embargo, este pasaje sirve como recordatorio de que Dios trabaja en un horario que está más allá de nuestra comprensión.

En realidad, su aparente retraso es una señal de su amabilidad y amor. Él quiere que todos tengan la oportunidad de venir a Él en arrepentimiento, recibir perdón y encontrar la reconciliación con Él.

Como hombres, demos la bienvenida al favor de Dios de la paciencia en nuestras propias vidas y mostrémoslo a los demás. Que tengamos paciencia mientras recorremos este camino de la fe, confiando en Su fiabilidad y entendiendo que Su momento es ideal. Y mientras esperamos, difundamos Su amor y las buenas noticias de la salvación para ayudar a otros a descubrir la rica vida que Cristo tiene para ofrecer.

EL DESCANSO DE UN GUERRERO: IDENTIFICAR LA RESISTENCIA EN LA TENSIÓN Y DEPENDIENDO DEL LIDERAZGO DE DIOS"

"Confía en el Señor con todo tu corazón y no te apoyes en tu propio entendimiento; en todos tus caminos, sométete a él, y él enderezará tus caminos". - Proverbios 3:5-6 (NVI)

Los hombres a menudo están motivados por un profundo deseo de tener éxito y dominar. Para superar los obstáculos, hacemos un esfuerzo por confiar en nuestra propia fortaleza, discernimiento y comprensión. De vez en cuando, sin embargo, esta

355

independencia podría interponerse en el camino de sentir la guía celestial de Dios en nuestra vida.

Proverbios 3:5-6 sirve como recordatorio para dejar de lado nuestro firme agarre de la autoridad y poner toda nuestra confianza en el Señor. Hacemos espacio para el camino recto, intencional y triunfal que Él ha planeado para nosotros cuando renuncios a nuestro propio entendimiento y nos sometemos a Su voluntad.

Como hombres de fe, podríamos enfrentarnos a obstáculos en el camino que nos atraen a renunciar. Pero podemos reconocer cuando nuestra dependencia de nuestro propio conocimiento se interpone en el camino de seguir las instrucciones de Dios usando el discernimiento y evaluando cuidadosamente nuestros corazones.

Este versículo debería ser un potente recordatorio para nosotros de renunciar al control, confiar completamente en Dios y encontrar consuelo en Su presencia guía.

DESARROLLANDO UN CORAZÓN DE PERSEVERANCIA

"No nos cansemos de hacer el bien, porque en el momento adecuado cosecharemos una cosecha si no nos damos por nosotros". - Gálatas 6:9 (NVI)

Como hombres de fe, con frecuencia nos encontramos con dificultades, obstáculos y decepciones que podrían probar nuestra perseverancia. Es en estos momentos cuando tenemos que desarrollar un corazón de resistencia.

Gálatas 6:9 nos exhorta a mantener nuestras buenas as hazas y a no darnos por nosotros. Sirve como un recordatorio de que nunca debemos renunciar a nuestra búsqueda de la justicia, la equidad y la compasión, sin importar los obstáculos que encontremos. Se nos insta a perseverar y no rendirnos, incluso en situaciones en las que es posible que no veamos resultados de inmediato o sintamos que nuestros esfuerzos están dando sus frutos.

La dependencia de la gracia, la fortaleza y la determinación de Dios son necesarias para la perseverancia. Significa perseverar a través de la adversidad, aferrarse a las promesas de Dios y tener fe en que Él finalmente traerá una cosecha.

Esta escritura debería darnos esperanza hoy porque nos asegura que el trabajo que realizamos para el Señor no es en vano. Que podamos abrazar un corazón de resistencia y aprovechar el poder del Espíritu Santo para experimentar los muchos beneficios que Dios tiene reservados para nosotros.

CONFIANDO EN LA PROVIDENCIA DE DIOS EN TIEMPOS DIFÍCILES

"Y sabemos que todas las cosas trabajan juntas para el bien de aquellos que aman a Dios, para aquellos que son llamados de acuerdo con Su propósito". - Romanos 8:28 (NKJV)

Con frecuencia nos enfrentamos a momentos difíciles y exigentes en la vida. Podemos tener dificultades, fracasos o eventos imprevistos que nos depriman o abrumen. Es vital que, en estos tiempos, nosotros, como hombres, reconozcamos y confiemos en la providencia de Dios.

Como cristianos, Romanos 8:28 nos aseguran que todo funciona para nuestro beneficio. Dios todavía está trabajando en medio de las dificultades, dirigiendo eventos para nuestro bien supremo y su propósito. El diseño providencial de Dios para nuestra vida solo puede ser desbloqueado por nuestra lealtad y amor por Él.

Incluso si bien es posible que no siempre entendamos por qué suceden cosas malas, podemos encontrar consuelo en el hecho de que Dios está a cargo. Él es confiable para vernos a través de cada juicio y proporcionarnos orientación. Saber que todo funcionará de acuerdo con Su perfecta voluntad nos permite encontrar la calma y la esperanza cuando ponemos nuestra confianza en Su soberanía.

Este versículo debería inspirarnos a confiar en la providencia de Dios durante los tiempos difíciles, creyendo que incluso en medio de la adversidad y la incertidumbre, Él está actuando en nuestro mejor interés y logrando Sus objetivos divinos.

VIVIR CON CORAJE DIVINO

"Sé fuerte y valiente, no temas ni tengas miedo de ellos; porque el Señor tu Dios, Él es el que va contigo. Él no te dejará ni te abandonará". - Deuteronomio 31:6 (NKJV)

Los hombres se encuentran con dificultades y problemas todo el tiempo, lo que puede hacer que nos sintamos asustados e incómodos. El estrés de la vida puede llevarnos ocasionalmente a dudar de nuestras propias habilidades y autoestima. Pero la Biblia nos exhorta a vivir con valentía sobrenatural.

Se nos dice que el Señor, nuestro Dios, está con nosotros en Deuteronomio 31:6. Él es nuestro amigo confiable, nuestro pilar de apoyo y nuestro refugio en tiempos difíciles. Por lo tanto, nada de lo que se nos presenta debería intimidarnos o causarnos temor.

El coraje comienza a acumularse dentro de nosotros a medida que dependemos de Sus promesas y ponemos nuestra confianza en Su presencia. Debido a que sabemos que Dios está constantemente con nosotros, guiándonos, protegiéndonos y fortaleciéndonos, podemos enfrentarnos a lo desconocido con valentía.

Deje que este texto sea un recordatorio continuo de que tenemos acceso a la valentía sobrenatural siempre que lo necesitamos para navegar por la vida. Deja a un lado tus preocupaciones porque Dios, el Señor, nunca te abandonará. Avanza sin miedo y saluda todos los días con la fuerza de la valentía divina.

EL SIGNIFICADO DE LA MISERICORDIA DE DIOS

"Pero Dios, que es rico en misericordia, debido a su gran amor con el que nos amó..." - Efesios 2:4 (NKJV)

No se puede calcular la importancia de la bondad de Dios. Él nos ofrece su tierna bondad a pesar de nuestro quebrantamiento e indignidad. Con una compasión sin límites, nuestro Dios nos extiende su perdón, gracia y restauración.

La misericordia de Dios se deriva de su amor sin límites por nosotros, como nos dice Efesios 2:4. Es algo que Él nos da libremente en lugar de algo que podemos ganar o merecer. Nos sentimos honrados y abrumados por el aprecio cuando nos damos cuenta del alcance de esta amabilidad.

Es imperativo que los hombres nos demos cuenta de todo el alcance de la bondad de Dios en nuestras vidas. Nos obliga a vivir obedientemente para que Su amabilidad pueda cambiarnos de adentro hacia afuera. En nuestras relaciones, debemos ser un reflejo de la misericordia de Dios, dando a los demás que nos rodean segundas oportunidades, perdón y compasión.

La bondad de Dios nunca debe darse por sentada; más bien, deberíamos aceptarla con asombro y respeto. Que nos anime a caminar con humildad, bondad y gracia, mostrando a los demás la compasión ilimitada de nuestro Padre Celestial y modelando la misericordia que hemos recibido.

SUPERAR LAS ADICCIONES CON EL PODER DE DIOS

"Puedo hacer todas las cosas a través de Cristo que me fortalece". - Filipenses 4:13 (NKJV)

Las adicciones pueden tener un fuerte agarre sobre nosotros, impactando negativamente en nuestra salud mental, emocional y espiritual. Pueden hacernos sentir indefensos y confinados. Pero no tenemos que luchar estas batallas por nosotros mismos como hombres de fe.

Filipenses 4:13 sirve como recordatorio del extraordinario poder que resulta de nuestra conexión con Cristo. Podemos vencer los obstáculos de la adicción que parecen insuperables debido a su fuerza. El poder de Dios se perfecciona en nuestra debilidad, por lo que no necesitamos depender de nuestros propios recursos humanos o fuerza de voluntad.

Debemos dar nuestros problemas a Dios para escapar del control de la adicción, pidiendo Su dirección, perdón y curación a cada paso. Él puede darnos la fuerza de voluntad para resistir la tentación, adoptar mejores estilos de vida y lograr una verdadera libertad.

Ten en cuenta que tenemos autoridad sobre la adicción. Tenemos el poder del amor y la fuerza de Cristo, y somos hijos del Todopoderoso, llenos del Espíritu Santo. Pon tu fe y fuerza en Él, y observa cómo se rompen los lazos y se logra la victoria.

ULTIMA PALABRA

A medida que esta increíble aventura de 180 días llega a su fin, hemos visto el poder transformador de Dios en el trabajo en y a través de nuestras vidas. Hemos sido favorecidos con un momento de inspiración fugaz pero profundo todos los días que ha levantado nuestro espíritu y fortalecido nuestras almas.

Hemos descubierto a lo largo de estas devociones que el poder genuino se origina en un deseo sincero de conocer a Dios y de someter nuestra vida a Su plan. Nos hemos encontrado con verdades, promesas y lecciones eternas de Su Palabra en tan solo tres minutos al día, y tienen el poder de moldear nuestro propósito, relaciones y carácter.

Es fácil sentirse abrumado por las responsabilidades de la vida y el agitado horario en este mundo de ritmo rápido, dejando poco tiempo para el mantenimiento espiritual. Por esta razón, el propósito de estas devociones es dar una dosis pequeña pero poderosa de la guía e inspiración de Dios.

A medida que llegamos al final de nuestro viaje, recordemos estas enseñanzas. Sembramos las semillas de inspiración que nos han dado y veamos cómo florecen y producen frutos en nuestras vidas. Seamos hombres que tengan un impacto en cada área de nuestra influencia mientras caminamos en la fuerza y el poder del Espíritu Santo.

Rezo para que los 180 días de devociones proporcionen las bases para toda una vida de búsqueda de la presencia y dirección de Dios. Tengamos en cuenta al salir de este lugar que el Señor, que es nuestra fuente constante de inspiración y fuerza, es la fuente de nuestra fuerza.

Por lo tanto, levantemos como hombres de fe y sigamos con confianza el camino que Dios ha planeado para nosotros. Vivamos nuestras vidas con integridad, pasión y propósito, entendiendo que Su Espíritu nos da fuerza y somos capaces de marcar la diferencia en el mundo.

Que Dios, cada día de nuestra vida, nos mantenga fuertes, nos guíe y nos utilice para Su gloria.

Oración:

Querido Dios, en tu presencia, nos hemos reunido aquí hoy para pedir tu sabiduría y apoyo. Estamos agradecidos por la oportunidad de reunirnos como hombres y profundizar nuestro conocimiento de su Palabra y fe. Oramos por su presencia continua en nuestra vida y su mano de apoyo mientras terminamos con este devocional. Padre, entendemos que ser fuerte significa depender de ti para obtener apoyo en lugar de ser independiente. Por favor, ayúdanos a confiar siempre en tus brazos eternos, sabiendo que eres poderoso incluso en nuestra debilidad. Danos la fortaleza para enfrentar las dificultades de la vida con una confianza inquelantante en ti. Señor, danos el discernimiento para dar una alta prioridad a nuestras conexiones con nuestras familias, amigos y semejantes. Que siempre seamos hombres honorables que muestren tu fuerza, amor y compasión en todo lo que hacemos. Por favor, guíenos en todas nuestras elecciones y acciones para que podamos emular sus virtudes e impactar positivamente a todos los que nos rodean. Ofrecemos oraciones por todos los hombres presentes hoy. Bendícenos individualmente y como fraternidad. Ayúdanos an apoyarnos y entendernos mutuamente durante nuestros momentos de necesidad. Que nuestra solidaridad sirva como un espejo de tu amor, y que saquemos fuerza de las experiencias y el testimonio de los demás. Damos nuestras almas al Señor, levantando todas nuestras preocupaciones y ansiedades. Le suegamos que nos llene de serenidad, dándonos el coraje y la claridad para enfrentarnos a cualquier obstáculo de frente. Ayúdanos a depender plenamente de ti y tener fe en que no nos abandonarás. Finalmente, Oh Dios, te damos gracias por enviar a tu Hijo, Jesucristo, a la cruz como un ejemplo de fuerza genuina. Nos comprometemos a llevar a cabo nuestras vidas de una manera que lo honre y estamos agradecidos de que su sangre haya comprado el perdón de nuestros pecados. Ofrecemos esta oración en el nombre de Jesús, Amén.